Johannes Grotzky
Gebrauchsanweisung für die
Sowjetunion

W0245666

Johannes Grotzky

GEBRAUCHSANWEISUNG FÜR DIE SOWJETUNION

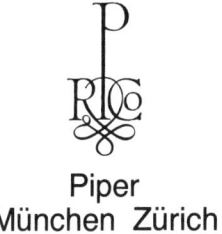

Piper
München Zürich

Mit 20 Abbildungen des Autors

ISBN 3-492-02986-8
2. Auflage, 8.-11. Tausend 1987
© R. Piper GmbH & Co. KG, München 1985
Gesetzt aus der Times-Antiqua
Umschlag: Federico Luci
Gesamtherstellung: Clausen & Bosse, Leck
Printed in Germany

Inhalt

Vorwort

Lieber Leser,

wenn Sie Sowjetunion-Spezialist sind und Ihnen dieses Büchlein in die Hände fällt, werden Sie diese über dem Kopf zusammenschlagen. Sie vermissen vermutlich das abgewogene Urteil, den historischen Hintergrund, die Diskussion um das Für und Wider eines anderen Gesellschaftssystems – kurz, all das, was Bücher dick und langweilig machen kann.

Wenn Sie bereits als Tourist mehrfach die Sowjetunion besucht oder dort gar längere Zeit gelebt haben, ahne ich bereits Ihren empörten Aufschrei, alles sei ganz anders.

Wenn Sie noch nie in der Sowjetunion waren und sich erst auf eine Reise dorthin vorbereiten, werden Sie wohl fragen, ob es denn nicht mehr Wissenswertes über das Land zu berichten gibt. Sie alle haben recht.

Jeder sieht und erlebt die Sowjetunion anders. Und vor allen Dingen: In diesem Büchlein ist die Sowjetunion beschrieben, wie sie sich dem Ausländer und Touristen darstellt.

Es gibt wichtige und gute Werke über System und Politik, über die Bürden des Alltags und über den schier unerfüllbaren Traum vom Kommunismus. Sie alle zu lesen mag sich für den einen oder anderen lohnen. Mehr noch aber lohnt sich, das Land selbst zu besuchen, um wenigstens etwas Authentisches zu erleben: nämlich ein

Land, über das man sich viel ärgert, solange man dort ist und wohin man sich zurücksehnt, sobald man es verlassen hat.

Benutzen Sie daher das Büchlein, wie es sein Titel empfiehlt – als eine Gebrauchsanweisung, die Ihnen beispielsweise auch mit auf den Weg gegeben wird, wenn Sie ein neues Radio oder ein Haushaltsgerät erwerben: Sie erfahren immer nur unzureichend und oft auch mißverständlich, wie etwas funktioniert. Doch was Sie schließlich damit anstellen und welche nichtbeschriebenen Funktionen dahinterstecken, das entdecken Sie am besten selbst.

Zum Auftakt Geduld

Regen Sie sich über nichts auf, wenn Sie in die Sowjetunion fahren: weder über die Tatsache, daß man Ihr Visum möglicherweise erst am Abreisetag per Eilboten an der Haustür abgeben wird, noch darüber, daß man Sie nach Ihrer Ankunft vielleicht mit dem Namen »Gans« anredet. Dann heißen Sie wohl wirklich mit Vornamen »Hans«, und da die russische Sprache einen solchen Laut wie im Anfang Ihres Namens nicht kennt, wird er kurzerhand durch ein *G* ersetzt. Wie gesagt: Aufregung verleidet die Reise, denn Sie werden auf vieles stoßen, was anders ist als zu Hause, und Sie werden feststellen, daß manche Unterschiede ihre Gründe haben.

Doch noch sitzen Sie daheim, haben die Reise gebucht, den Visumantrag ausgefüllt und warten voller Ungeduld auf eine Antwort. Auf Nachfrage bestätigt das Reisebüro, alles sei bei der Botschaft oder konsularischen Vertretung der Sowjetunion eingereicht. Nur müsse man erfahrungsgemäß etwas Geduld aufbringen und warten können. Sie glauben das Ganze nicht so recht und überlegen zwanghaft, ob Sie etwa beim Ausfüllen der Formulare einen Fehler gemacht haben, der die strengen sowjetischen Beamten veranlassen könnte, Sie aus dem Land auszusperren. Vielleicht wollten Sie Ihren Beruf nicht genau angeben, weil Sie glaubten, er wirke auf dem Visumantrag verdächtig. Sie rufen schließlich die Sowjetbotschaft Ihres Heimatlandes an. Dort meldet sich eine unterkühlt freundliche Stimme mit der Auskunft, wenn Sie Ihren Antrag ordnungsgemäß ausgefüllt hätten, dann würde er ebenso ordnungsgemäß bearbeitet. Nach diesem Telephonat ist Ihnen keineswegs wohler. In den letzten Tagen vor der Abreise rechnen Sie bereits aus, wie hoch Ihr finanzieller Verlust ist, falls Sie das Flugzeug wegen des fehlenden Visums nicht besteigen können. Sie rufen alle Bekannten an, die schon einmal in der Sowjetunion waren. Doch auch deren vertröstende Worte wirken kaum beruhigend. Aber lassen Sie trotzdem die Koffer gepackt. Irgendwann kurz vor der Abreise klingelt der Eilbote mit einem Einschreiben, es enthält Paß und ein dreiteiliges Faltblatt mit fremdartigen Buchstaben, das Sie nur deshalb als Ihr sowjetisches Touristenvisum erkennen, weil darin zwei Paßphotos von Ihnen kleben. Schließlich ist der ersehnten Sendung ein kleiner vorgedruckter Zettel beigefügt: Sie möchten bitte die Kosten für die Eil- und Einschreibezustellung in Form von Briefmarken an die Botschaft der UdSSR zurückerstatten. Neben einer geringen Gebühr für das Touristenvisum sind dies die einzigen Unkosten, und es besteht auch keine Verpflichtung zu einem Mindestumtausch von Geld wie in anderen sozialistischen Ländern.

Allerdings hat das Visum begrenzte Gültigkeit. Sie dürfen sich nur während eines bestimmten Zeitraumes und auch nur an bestimmten, im Visum eigens aufgeführten Orten in der Sowjetunion aufhalten. Das ist besonders wichtig für Touristen, die mit dem Auto oder der Bahn in das Land kommen. Falls Sie eine Pauschalreise Moskau-Leningrad gebucht haben, dann dürfen Sie nicht erwarten, daß Sie noch mit einem Vorortzug eine nahe liegende Provinzstadt besuchen können.

Wählen wir jetzt die bequemste und schnellste Verbindung: Sie sitzen im Flugzeug, vielleicht einer Maschine der sowjetischen Luftfahrtgesellschaft Aeroflot. Als Lektüre liegen die *Prawda* und die *Iswestija* sowie einige deutsch- und englischsprachige Zeitungen aus, über die Sie in einem späteren Kapitel noch alles Wissenswerte erfahren. Eine Stewardess reicht Drinks, die ihren Namen nicht ganz zu Recht tragen. Es handelt sich meist um einen etwas dünnen Limonadensaft oder ein recht schmackhaftes Mineralwasser in einem kleinen Plastikglas. Entgegen unserer Wegwerfkultur fällt Ihnen sofort auf, daß die sowjetische Stewardeß diese Plastikbehälter wieder einsammelt. Überhaupt werden Sie feststellen, daß der Service bei Aeroflot nicht ganz so übertrieben ist wie bei manch einer westlichen Fluggesellschaft. Auch einige Verbote werden Ihnen auf den Inlandstrecken neu in den Ohren klingen: Rauchen Sie nicht, photographieren Sie nicht aus dem Fenster, und lassen Sie kein Tonband spielen. Für Sowjetbürger ist das Flugzeug – ähnlich dem Zug oder Bus – ein Allerweltsverkehrsmittel, mit dem man schnell und billig reisen kann. Was stören da die kleinen Einschränkungen.

Sollten Sie mit Aeroflot noch weiter im Landesinneren reisen, etwa auf der bei Touristen beliebten Mittelasien- oder Sibirienstrecke, dann wären Sie mit einer zusätzlichen Portion Geduld und einem Notproviant gut gerüstet. Denn für Flugplan und wirkliche Flugzeit scheint häufig das zu gelten, was in der Schule über die Eigenart zweier Parallelen gelehrt wird: Sie treffen erst in der Unendlichkeit zusammen. Langsam nähert sich nun Ihre Maschine dem Moskauer Auslandsflughafen Scheremetjewo II. Aus den Bordlautsprechern tönt dabei gelegentlich die etwas abgeorgelte Melodie der *Moskauer Nächte*, gleichzeitig Sendezeichen von Radio Moskau. Ein Blick auf die Uhr. Erstaunt müssen Sie feststellen, daß von Frankfurt, München, Wien oder Zürich die Moskauer Hauptstadt nur etwa drei Flugstunden entfernt liegt. So lange wären Sie auch nach Madrid unterwegs gewesen. Allerdings verlieren Sie durch die Zeitverschiebung zwei weitere Stunden. Entsprechend müssen Sie Ihre Uhr vorstellen. Vergessen Sie dabei nicht den Reisewecker im Koffer!

Ist das Ihr erster Besuch im Sowjetland, dann kommt vermutlich dieses unbegreifliche Kribbeln, fast eine Art Spannung auf. Das hat wohl etwas mit unseren Vorurteilen gegenüber dem Gastland zu tun. Ihre Nervosität verliert sich schnell durch eine Äußerlichkeit. Das Flughafengebäude ist so modern und nach unseren Vorstellungen »westlich«, daß Sie mit Verwunderung den Namenszug eines großen westeuropäischen Elektrokonzerns an den Durchleuchtungsapparaten der Zollkontrolle bemerken. Doch zuvor stehen Sie Schlange beim Paßbeamten. Der ist wahrscheinlich ein blutjunger Bursche, vielleicht um die achtzehn Jahre alt. Er kontrolliert mit undurchdringlicher Miene Ihr Gesicht, mißt Ihre Körpergröße anhand einer Skala, die auf der trennenden Glasscheibe angebracht ist. Hin und wieder bittet er um eine halbe Wendung des Kopfes. Profil, Nase, Ohr, alles soll seine Richtigkeit haben – wie auf den Paßphotos. Dann reißt der junge Mann ein Blatt von Ihrem aufklappbaren Visum ab. Beabsichtigen Sie, sich über einen längeren Zeitraum in der Sowjetunion aufzuhalten, hat Ihr Visum eine andere Farbe als das Touristenvisum und natürlich eine andere Laufzeit. Zwar wird auch in diesem Fall das Einreiseblatt beim erstenmal abgetrennt, doch bei erneuter Wiedereinreise bekommen Sie einen handbeschriebenen Zusatzzettel, den Sie gut aufheben müssen.

Glaubt der Paßbeamte, alles mit Ihnen sei in Ordnung, drückt er in seinem kleinen Verschlag ein geheimnisvolles Knöpfchen. Jetzt läßt sich eine niedrige Schranke vor Ihnen aufstoßen, und Sie kommen in eine große Halle, in der auch die Rollbahnen mit dem Gepäck enden. Zur Ungewißheit, wann endlich Ihr Flugzeug entladen wird und Ihre Koffer auftauchen, kommt eine zweite: Auf welchem Fließband erscheint das Gepäck. Verblüfft über so mangelhafte Erfahrung mit Flugplätzen schütteln Sie jetzt den Kopf. Doch Sie schütteln zu Unrecht. Denn in der Tat laufen Taschen, Kartons, Koffer und Kisten aus aller Herren Länder über alle denkbaren Transportbänder. Wer sich brav dort anstellt, wo auch seine Flugnummer angeschlagen steht, der kann oft lange und umsonst warten. Sein Gepäck kreist derweil vielleicht mit übrigem Reisegut aus Prag, Warschau und Havanna auf entlegenen Bahnen.

Nutzen Sie jetzt aber die Wartezeit, um noch ein Formular auszufüllen. Vermutlich haben Sie schon alles im Flugzeug erledigt. Wenn nicht, dann finden Sie die notwendigen Blätter auf kleinen runden Tischchen, die um die Säulen der Halle drapiert sind: nämlich die Zolldeklaration, die Sie immer dann brauchen, wenn Sie etwas Geld umtauschen wollen, und die bei Ihrer Ausreise als Nachweis pekuniärer Ehrlichkeit gilt. Natürlich führen Sie keine Waffen, Rauschgift, Antiquitäten und Kunstwerke bei sich – wie auf dem Formular erfragt. Und aus dieser Deklaration werden Sie wohl auch zum erstenmal erfahren, daß es neben sowjetischen Rubeln noch Obligationen der Staatsanleihen der UdSSR und sowjetische Lotterielose gibt. Machen Sie nun bei all diesen Rubriken nicht etwa einen Strich oder eine Null, sondern schreiben Sie das Wort *keine* in die leere Zeile. Alles andere wird der Zollbeamte mit dem Ausdruck des Mißtrauens zurückweisen. Das bekämen Sie hinterher bei der Durchsuchung des Gepäcks vielleicht zu spüren. Außerdem nennen Sie auf der Deklaration, welche westlichen Devisen, also welche harten Währungen, Sie bei sich führen. Natürlich will man wissen, ob Sie Schecks, Edelmetalle, Edelsteine oder Perlen bei sich haben. Sie verneinen brav und haben dabei doch just Ihren Ehering vergessen. Auch der muß deklariert werden. Jetzt folgt noch eine lange Liste von Gegenständen, die Sie ebenfalls vorlegen müssen. Der Zoll entscheidet dann, was davon mit in das Land gebracht werden darf. Erwartungsgemäß interessiert man sich für Druckerzeugnisse, Manuskripte, Filmstreifen, Photonegative und Tonaufnahmen, also alles, was materieller Träger irgendwelchen Gedankenguts sein könnte. Aber auch Briefmarken, Pflanzen, Früchte, Sämereien, lebende Tiere und Vögel und schließlich Rohprodukte tierischer Herkunft und Schlachtgeflügel werden von der Kontrolle erfaßt. Decken Sie sich also nicht zu reichlich ein.

Wer die regelmäßigen Staus an der Zollschranke erlebt, darüber ebensooft geflucht hat, wird umgekehrt verstehen, daß der sowjetische Zoll kaum die notwendige Strenge aufbringen kann, um all diesen Vorschriften gerecht zu werden. Und wer nach dem Streß einer langen Flugreise mit Frau, Kindern, Gepäck und hinterherpurzelndem Spielzeug unkontrolliert und nur von den mitleidvollen Blicken des Zöllners begleitet durchgewinkt wurde, der lernt die Schrecken einer sowjetischen Zollkontrolle nicht höher einschätzen als an anderen Grenzen auch. Vorausgesetzt, man verstößt nicht bewußt gegen bestehende Vorschriften.

Größere Umstände lassen sich jedoch beobachten, wenn Sowjetbürger von einer Reise, zumal aus dem kapitalistischen Ausland, zurückkommen. Da wird gelegentlich jeder Winkel der Reisetasche umgedreht, das Portemonnaie kontrolliert, ob nicht jemand ungesetzlich ein paar Dollar ins Land schmuggelt oder gar verschämt ein *Playboy*-Heft unter der schmutzigen Wäsche versteckt hält. In diesen Fällen sind die sowjetischen Staatsvertreter rigoros. Nackedeis und Westgeld gehören nicht in das Reisegepäck eines Sowjetmenschen. Ebenso zieht man als Westler die Strafaktion der Grenzwächter auf sich, wenn man schwarz getauschte oder gekaufte Rubel aus dem Ausland einführen will. Weitere Tabus sind generell freizügige oder gar pornographische Literatur und alles Schriftgut, das von den Behörden als antisowjetisch eingestuft wird. Was im einzelnen darunter zu verstehen ist, kann man nicht immer genau sagen. So wurde schon an der Grenze eine Zeitschrift beschlagnahmt, die auf der Titelseite die Karikatur eines sowjetischen Satireblattes nachgedruckt hatte. Wenn zwei dasselbe tun, dann ist es eben nicht dasselbe. Empfindlich reagieren die Zöllner auch auf Videokassetten. Sollten Sie so etwas im Gepäck mit sich führen, müssen Sie sich auf folgende Prozedur gefaßt machen: Die Kassetten können zunächst einbehalten werden. Irgend jemand kontrolliert den Inhalt. Sicher ein beliebter Job. Wenn die Einfuhr genehmigt wird, müssen Sie die Filme – in der Regel frühestens am nächsten Tag – wieder beim Zoll abholen. Sie können sich denken, daß für den Inhalt der Videokassetten dieselben Vorschriften gelten wie für Gedrucktes.

Zurückhaltung ist ebenfalls bei sogenannter Dissidentenliteratur angebracht. Es ist nicht ratsam, selbst nicht auf dringenden Wunsch guter Freunde hin, solche

Bücher mit in die Sowjetunion zu bringen. Ganz zu schweigen von Privatpost. Umgekehrt tun Sie sich keinen Gefallen, wenn Sie bei Ihrer Ausreise versuchen, für einen Sowjetbürger Post mit aus dem Land zu nehmen. Der Zollbeamte fragt zuweilen nach solchen Briefen und kontrolliert bei Verdacht recht genau.

Haben Sie all diese Prüfungen gut überstanden und nicht noch zufällig ein heimisches Magazin mit dem Konterfei eines sowjetischen Würdenträgers locker zwischen Ihr Gepäck drapiert, daß es dem sowjetischen Zoll förmlich entgegenfällt und seinen Kontrollinstinkt weckt, dann können Sie die letzte Schranke passieren, um sich für weitere Erlebnisse Ihren wartenden Freunden, der Intourist-Reiseleiterin oder einem Taxifahrer anzuvertrauen. Alles in allem kann die Prozedur der Paß- und Zollkontrolle fast genauso lange dauern wie der eigentliche Flug. Und von daher gesehen, liegt die Sowjetunion doch wieder beträchtlich weit weg von uns.

Es geschieht immer wieder, daß aufgeregte Passagiere vereinzelt in der Flughalle herumirren und ihre Buchung für eine Sowjetunion-Fahrt verwünschen. Der Grund ist meist derselbe: Viele Touristen reisen allein an, um ihre Gruppe erst in Moskau zu treffen. Zeitverzögerungen, Flugplanänderungen oder einfache Mißverständnisse führen dazu, daß niemand mehr auf die Nachzügler wartet. In dieser Situation haben Sie zwei aussichtsreiche Möglichkeiten auf Rettung. Sie gehen entweder zum Intourist-Schalter in der Halle und klagen Ihr Leid. Sollte dort niemand sein, sich nicht zuständig fühlen oder im Gespräch mit Kollegen vertieft sein, dann wenden Sie sich an die erstbeste Dame, die andere Touristen um sich herum schart. Sie findet – oft über Sprechfunk – schnell heraus, in welches Hotel Sie gehören. Ein Kleinbus wird für Sie angefordert, oder aber Sie fahren mit der nächsten Reisegruppe in derem Bus zum richtigen Quartier. Da ausländische Touristen stets in denselben riesigen Hotelkomplexen untergebracht sind, findet sich meist schnell eine Mitfahrgelegenheit.

Sie können auch ein Taxi benutzen. Zum Bezahlen tauschen Sie besser vorher in der Flughalle ein paar Rubel ein, obwohl der Taxifahrer nichts dagegen einzuwenden hätte, wenn er in Devisen entlohnt würde. Jetzt Achtung, wappnen Sie sich gegen eine unangenehme Überraschung. Viele Privatfahrer bieten sich als Chauffeure an. Oft verlangen sie für eine Fahrt vom Flughafen zur Innenstadt das Dreifache des offiziellen Taxipreises. Bei noch so hartnäckigem Drängen, bleiben Sie standhaft und wehren zunächst einmal ab. Sollte wirklich kein Taxi frei sein, findet sich schnell der nächste private Anbieter, der es billiger machen wird. Am sichersten jedenfalls sind die regulären Taxis, die Sie leicht an einem geschecken Streifen erkennen, der in Höhe der Türgriffe rechts und links auf den Wagen gemalt ist. Manche Wagen haben auch nur eine Markierung auf dem Dach. Doch meist blinkt noch in einer Ecke der Frontscheibe ein kleines, grünes Lämpchen, das die Fahrbereitschaft anzeigt.

Benutzen Sie Ihr eigenes Auto für eine Reise in die Sowjetunion, haben Sie vermutlich sowieso reichlich Zeit. Ein etwas längerer Grenzaufenthalt, das genaue Überprüfen des Tankvolumens, der Radkappen-Innenseiten oder des Motorraums kann Sie dann auch nicht verdrießen. Sie haben natürlich mit dem Reisebüro alle Feinheiten der Reiseroute, Hotels, Meldepflicht und Benzingutscheine im voraus geklärt und werden sich dementsprechend gewappnet auf den Weg machen.

Neu ist dabei für Sie vielleicht nur, daß auf den für Sie geöffneten Straßen das wachsame Auge der Miliz – so heißt die Polizei in der Sowjetunion – Ihnen stets folgt. Eine Vielzahl von Milizstationen hält untereinander über Sprechfunk und Telephon Kontakt. Insofern kann die Sowjetunion auf die Einrichtung eines Reiserufs per Radio für Notfälle verzichten. Man ist über Ihren Standort jederzeit im Bilde.

Auf jeden Fall sind Sie jetzt in der Sowjetunion. Anhand verschiedener Reiseführer können Sie sich nun darüber informieren, was wann wo und warum in welchem Ausmaß gebaut wurde, wer wann wen bekriegt und besiegt hat. Sie können aber auch in diesem Büchlein weiterlesen und erfahren dabei etwas über Ihre eigene Existenz als Ausländer und Gast im größten Land der Welt.

Der behütete Ausländer

Es gibt keine sowjetische Stadt, in der so viele Ausländer leben wie in Moskau. Im Gefolge von über einhundert Botschaften, zweihundert Korrespondentenbüros und dreihundert Firmenvertretungen aus aller Herren Länder leben Tausende von Ausländern noch wie zur Zarenzeit in eigens abgeschirmten Häuserblocks. Diese Siedlungen sind in der Regel nur ausgewählten Sowjetbürgern zugänglich. Die Eingänge sind rund um die Uhr von Miliz bewacht. Wo kein Uniformierter patrouilliert, zieht sich ein schützender Drahtzaun oder eine mannshohe Betonmauer um die Ausländerviertel, die nachts von Scheinwerfern erleuchtet sind. Der Personalaufwand zur Sicherheit und Abschirmung der Dauergäste ist groß. Natürlich haben die Milizionäre auch ein scharfes Auge auf die vielen verlockenden Westautos, die in den Höfen parken. Würde man sein Auto auf der Straße abstellen, müßte man mindestens Scheibenwischer und Seitenspiegel abnehmen. Denn was nicht niet- und nagelfest ist, verschwindet schnell. Die Wachen können zudem trefflich unterscheiden, welches Gesicht zu »ihrem« Hof gehört und ungestoppt passieren darf. Alle anderen warnt ein schriller Pfiff aus der Trillerpfeife: halt, kehrt, marsch. Und wer dann immer noch glaubt, er brauche nicht zu gehorchen, besitzt entweder selbst einen ausländischen Paß oder den kleinen Klappausweis einer staatlichen Organisation, die von Dienst wegen Kontakt mit Ausländern erfordert.

Dem Normaltouristen bleiben solche Feinheiten bei der Behandlung von Ausländern verborgen. Er übergibt Paß und Visum der Reiseleiterin, einer Intourist-Dame, die die Sprache ihrer Gastgruppe oft bestens beherrscht. Sie sorgt sich um die notwendige Anmeldung im Hotel, um die Registrierung der Papiere. Das Schlimmste, was Ihnen am Ankunftstag passieren kann: Sie verlieren Ihre Reisegruppe. Das kommt schneller als erwartet. Die Zimmer werden zugeteilt. Man will sich in einer halben Stunde zum Essen in der Hotelhalle treffen. Den Transport der Koffer erledigen fürsorgliche, aber nicht gerade blitzschnelle Helfer. So kann es geschehen, daß Sie noch auf Ihre Koffer warten, während sich bereits der Rest der Gruppe zum Essensgang versammelt und in einem der zahlreichen Restaurants der riesigen Hotelkomplexe verschwindet. Nun ist guter Rat teuer: Zuerst werden Sie wohl versuchen, an der Rezeption zu erfahren, wo Ihre Reisegruppe abgeblieben ist. Da kann ein simples Mißverständnis langwierige Folgen haben. Man wird Sie fragen, aus welchem Land Ihre Reisegruppe stammt. Selbstverständlich antworten Sie Deutschland und haben die erste Ungenauigkeit begangen. Allerdings wird man schnell herausbekommen, daß Sie wohl die Bundesrepublik Deutschland meinen. Resignieren Sie nicht gleich, wenn die Rezeptionistin schlankweg erklärt, eine Gruppe aus der Bundesrepublik sei hier gar nicht abgestiegen. Sie protestieren und wissen vielleicht nicht, daß möglicherweise der Hauptvermittler Ihrer Sowjetunionreise in West-Berlin sitzt. Ohne etwas davon zu ahnen, wurden Sie unter diesem Ort registriert, der von den sowjetischen Behörden als selbständige politische Einheit behandelt wird und nichts mit der Bundesrepublik zu tun hat.

Da Sie nun ohne Paß und Visum sind, bleibt Ihnen als einziges Erkennungsmerkmal ein kleines Kärtchen, aus dem Ihre Aufenthaltsdauer und Zimmernummer im Hotel hervorgeht. Ihre Reiseführerin hat Ihnen die kleine Hotelkarte mit der dringlichen Mahnung ausgehändigt, sie nicht zu verlieren. Denn sie ist gewissermaßen Haus- und Zimmerschlüssel. Vermutlich werden Sie bei Ihrem ersten Besuch in der Sowjetunion die russische Sprache noch nicht perfekt beherrschen. Sollten Sie sich nun bei einem selbständigen Stadtgang verirren, brauchen Sie dem Taxifahrer bloß das Hotelkärtchen zu zeigen, und er wird Sie sicher nach Hause bringen. Am Eingang erwartet allerdings auch der Portier – zu russisch der Schwejzar –, daß Sie sich mit diesem Kärtchen ausweisen. Nur so werden Sie in das Hotel wieder hereingelassen. Neben diesem Kärtchen gibt es im sowjetischen Hotelleben eine zweite Besonderheit, an die Sie sich schnell gewöhnen werden: Die Deschurnaja, sozusagen der U. v. D. einer jeden Etage. Der Name dieser Dame bedeutet übersetzt ganz einfach »die Diensthabende«. Sie verwaltet von den Zimmerschlüsseln über zusätzliche Decken bis zum Mineralwasser einfach alles auf der Etage. Sogar nachts kann der verkaterte Gast sie um eine Tasse heißen Tee bitten. Auch das Reinigungspersonal hört auf ihr Kommando, falls der Gast Klagen vorbringen sollte. Insofern also muß man sich umgewöhnen. Nicht die Rezeption in der Hotelhalle ist – mit Ausnahme neuer Hotels etwa in Riga oder Vilnius – Anlaufstelle für Hilfe und Information, sondern immer die persönliche Deschurnaja. Die Rezeption in der Hotelhalle ist ausschließlich für Registrierung, An- und Abmeldung sowie Bezahlen zuständig.

Doch noch einmal zur wichtigen Funktion des bewußten Kärtchens. Die Deschurnaja wird Ihnen nur gegen dieses Stück Papier den Zimmerschlüssel aushändigen. Gehen Sie wieder weg, dann läuft der Tausch umgekehrt. Da Sie ohne Hotelkarte ja nicht wieder hereingelassen werden, müssen Sie zwangsläufig den Schlüssel vor Verlassen des Hauses abgeben. So genau das alles hier beschrieben ist, so lasch wird an der Hoteltür zuweilen die Kontrolle gehandhabt. Natürlich fallen Sie als Ausländer durch Ihre Kleidung und Sprache auf. Dem Verständnis der meisten Portiers nach können Sie deshalb nur Tourist sein, und man wird Sie einlassen. Wie lange Sie auch weg sind und wann immer Sie zurückkommen, Sie werden Ihren Augen nicht trauen. Dieselbe Deschurnaja, die gestern früh hinter dem kleinen Tischchen saß, ist auch noch heute nacht oder morgen mittag für Sie da. In manchen Hotels arbeitet die Deschurnaja 48 Stunden hintereinander. Nachts streckt sie sich auf einer Couch hinter dem Schreibtisch aus. Doch mit halbem Ohr nimmt sie noch die letzten Zecher wahr, die unter ihrem kontrollierenden Blick auch nicht zur späten oder gar frühen Stunde vergnügliche Bekanntschaften mit auf das Zimmer schleppen dürfen. Daß solche Moral bestechlich ist, sei hier nur am Rande notiert.

Sind Sie als Individualtourist (so die Bezeichnung für Einzelreisende) unterwegs, dann wacht die Deschurnaja zusätzlich über Ihre Zahlungsmoral. Sie wird die Mahnungen der Hauptkasse an Sie weitergeben, falls Sie in Verdacht geraten, mit finanziellen Regelungen zögerlich umzugehen. Die Deschurnaja erteilt auch Ihrem Gepäck die Ausreiseerlaubnis aus dem Hotelkomplex. Denn für jeden Koffer und jede Reisetasche brauchen Sie am Ende Ihres Besuchs wieder ein Zettelchen, das bescheinigt, welches Gepäckstück zu Ihnen gehört. Endkontrolle von Gepäck, Bescheinigung und Besitzer erfolgt durch den Portier. Halt! Sie können ja noch gar nicht weggehen. Sie haben Ihren Paß vergessen. Den holen Sie in einem besonderen Büro ab, quittieren den Erhalt, zahlen eine Bearbeitungsgebühr, und danach dürfen Sie wirklich gehen.

Für Gruppenreisende wird hier wieder Intourist aktiv. Die kleinen Extragänge nimmt Ihnen die Reiseleiterin ab, und Sie brauchen lediglich den wartenden Bus zu besteigen.

Freilich begrenzt sich Ihr umsorgter Hotelaufenthalt nicht nur auf die An- und Abreise. Sie werden zwischendurch baden oder duschen wollen. Sie gehen essen und suchen vielleicht nach den anstrengenden Tagestouren entspannende Erholung an der Hotelbar. Fangen wir gleich mit dem Elementarsten an, mit dem Sie vermutlich den Tag beginnen und beenden werden, mit dem Badezimmer.

Die Zeiten, da Sowjetunionreisende über Hotelhandtücher klagten, die einem Waschbrett gleich dem verwöhnten Westler die zarte Haut aufzurauhen drohten, neigen sich dem Ende zu. Natürlich ist das ortsübliche Waschpulver nicht mit dem uns gewohnten Weiß- und Weichmacher angereichert, so daß der Gast auch heute noch auf unsere reklameverdächtige Kuschelfaser verzichten muß. Doch auch mit einem etwas strenger duftenden Leinen läßt sich der Körper zufriedenstellend trocknen. Manche Luxuskategorie bietet sogar schon flockiges Frottee, das leider in offensichtlicher Gleichbehandlung mit anderem Gewebe in der Gemeinschaftswaschküche den Weg der Nivellierung geht, um dann als ordinäres Handtuch mit den landesüblichen Tributen – strenger Duft und im Bügelprozeß gehärtete Faser – wieder auf dem Hotelzimmer zu erscheinen. Solche Klagen sind allerdings auch in manchen Hotels westlicher Länder angebracht.

Regelrechten Verdruß weckt hingegen ein ganz anderer Umstand: spürbare Mängel in der sowjetischen Papierindustrie. Als wirkungsvollstes Hilfsmittel kann man nur empfehlen, sich bereits vor der Abfahrt zu Hause mit einer entsprechenden Papierrolle einzudekken. Wer sich vor bissigen Bemerkungen seiner Mitreisenden schützen möchte, die in den so ausstaffierten Koffer bei einer eventuellen Zollkontrolle ihre Blicke werfen, der kann ja auf unverdächtige, aber nicht weniger zweckmäßige Papiertaschentücher ausweichen.

Die oft fehlenden Wannenverschlüsse sind nicht ohne weiteres zu ersetzen. Die Größe der Abflüsse variiert, so daß auch ein Mitbringsel aus dem Westen nicht immer gute Dienste tut. Trainierte Sowjetunionreisende bedienen sich ganz einfach des Schraubverschlusses einer Shampoo-Flasche oder einer Tube flüssigen Waschmittels, umwickeln ihn mit saugkräftigem Papier, das reichlich in Wasser getränkt wird, und stopfen das Ganze in den Wannen- oder Waschbeckenabfluß. Die Wirkung ist nicht ganz so effektvoll wie ein Gummistöpsel, aber ausreichend.

Nun einige Worte über Essen und Trinken. Zwei Dinge werden Ihnen in gleichem Maße auffallen: die ungeheuren Mengen, die man Sie zu vertilgen nötigt, darunter bereits zum Frühstück Würstchen und Pfannkuchen, und das relativ bescheidene Angebot an Salaten und Früchten. Selbstverständlich sind für den Pauschalreisenden die Tische im Hotelrestaurant reserviert. Der Gruppenrhythmus drängt sich gewissermaßen von selbst auf, weil Sie außerhalb Ihrer Mannschaft gar nicht versorgt werden.. Allerdings findet man in mehreren Hotels jetzt schon ein Selbstbedienungsrestaurant, oft Schwedischer Tisch genannt. So erspart man sich wenigstens zum Frühstück das zeitaufreibende Zeremoniell, das jede Gaststättenbedienung in der Sowjetunion mit sich bringt. Auch hier sind die Herbergen in den baltischen Republiken wieder etwas kundenfreundlicher (die, bei denen es auch wie gewohnt den Zimmerschlüssel an der Rezeption gibt); sie bieten teilweise ganztags schnelle Verpflegung im Selbstbedienungsverfahren.

Einzelreisende sollten übrigens wissen, daß in den Zimmerpreisen das Frühstück nicht immer inbegriffen ist. Das hängt insbesondere davon ab, ob Sie als Tourist oder Geschäftsmann unterwegs sind. Wer als Ausländer beruflich in der Sowjetunion unterwegs ist, zahlt je nach Ort und Hotel zwischen umgerechnet 150 und 260 Mark pro Nacht – es geht aber auch noch teurer. Das ist mindestens das Zehnfache, was Sowjetbürger für ihr Hotelzimmer berappen müssen. Der gute Ton verbietet hier einen Preis-Leistungs-Vergleich mit anderen Ländern. Es würde nur Schatten auf die sowjetische Gastlichkeit werfen. Und außerdem läßt sich manches durch relativ günstige Preise beim Essen in den Restaurants wieder ausgleichen.

Sollte Sie außerhalb der Mahlzeiten ein unbezähmbarer Hunger überfallen, dann können Sie in vielen Hotels schnell Abhilfe schaffen. Fragen Sie die Deschurnaja nach dem Buffet, das man im Russischen genauso ausspricht, wie es im Deutschen geschrieben wird. Dahinter verbirgt sich ein kleiner Verkaufsraum mit Erfrischungen und Snacks, der oft bis spät abends geöffnet bleibt. Aber schon am frühen Morgen können Sie hier fette Brühen und heiße Würstchen bekommen. Abends sieht man erfahrene Hotelgäste mit Saft und Sekt aus den Buffets kommen. Sie decken sich für die Zimmerparty ein, zu der oft auch Zufallsbekanntschaften vom Nachbarraum geladen werden. Stets liegen in den Buffets gekochte Eier, Schinken, Käseaufschnitt und viel Brot bereit, das zu Ihrem Erstaunen von vielen Sowjetbürgern nur als Beilage angebissen und dann weggeworfen wird. Der Brotverbrauch scheint riesig zu sein, zumal verwöhnte Gaumen frisches Brot bevorzugen. In einem normalen Brotgeschäft wird man kaum einen Sowjetbürger dazu überreden können, Produkte zu kaufen, die älter als einen Tag sind. Die kritische Brotauswahl mit Stichlöffel und argwöhnisch zusammengezogenen Augenbrauen bedarf der eigenen anschaulichen Beobachtung. Ebenso kritisch werden Ihre sowjetischen Mitgäste im Buffet alles unter die Lupe nehmen, was ihnen verkauft wird. Sie können oft genug bemerken, wie jemand mit heftigen Gesten und noch deftigeren Ausdrücken die angebotenen Würstchen als zu kalt, zu dick oder zu dünn, als zu lang oder zu kurz zurückweist. Das vermittelt den zutreffenden Eindruck, der Selbstwert mancher Leute werde an ihrem Ernährungsstandard gemessen, was nicht zuletzt in gewichtiger Leibesfülle sichtbaren Ausdruck findet.

Weitere Einzelheiten der Küche bleiben hier ausgespart. Die Vielfalt besonders der Nationalspeisen ist ungeheuer. Nur ein Rat: Entscheiden Sie selbst, ob Sie sich lieber an den Vorspeisen satt essen wollen oder auf das Hauptgericht warten. Alles zusammen werden Sie kaum bezwingen.

Bei Gruppenreisen wird übrigens gegessen, was auf den Tisch kommt. Bestellungen à la carte sind nicht möglich. Aus den Reisevorbereitungen wissen Sie meist schon, daß der Wodka nach Gewicht und nicht nach Volumen bestellt wird. Hundert Gramm vor der Mahlzeit sollten dem ungeübten Trinker reichen. Die kleinste Portion ist das 50-Gramm-Glas. Auch offene Weine werden nach Gewicht bestellt. (Falls Ihnen nicht geläufig, 500 Gramm sind ein halber Liter.)

Wenn Sie alleine eine Stadt durchstöbern und in ein Restaurant gehen – vorausgesetzt, der Portier deklariert einen der vielen leeren Tische als frei –, dann machen Sie sich auf eine Enttäuschung gefaßt. Was auch immer auf der Speisekarte angeboten wird: glauben Sie nichts! Winken Sie den Kellner oder die Kellnerin heran und fragen, was es denn wirklich heute zu essen gibt. Jetzt kann es Ihnen allerdings passieren, daß man eine ganze Litanei von Speisen herunterbetet. Sollten Sie des Russischen – selbst nach der Lektüre dieses Büchleins – nur bruchstückhaft mächtig sein, dann nicken Sie zwei-, dreimal mit dem Kopf, und für den Rest der Litanei wehren Sie vehement ab. Auf diese Weise bekommen Sie wenigstens etwas, in der Regel nicht zu viel, auf den Tisch. Falls Sie im ungünstigen Rhythmus genickt haben, erhalten Sie nur Vorspeisen oder gar zwei Brühen auf einmal. Noch ein Wort zu den heißen Würstchen, die mit großer Wahrscheinlichkeit auf Ihrem Frühstücksteller liegen. In den dazugehörigen Senf werden Sie vermutlich nur ein einziges Mal herzhaft reinlangen. Er verbrennt Ihnen so gut wie alle Geschmacksnerven auf der Zunge. Etwas Schärferes dürfte man auf unserem Kontinent wohl kaum antreffen.

Für Ihre Privatexkursionen sind Sie natürlich schon vorgewarnt und erwarten in der Hauptstadt der Sowjetunion nicht etwa kleine gemütliche Bistros, Cafés oder andere annehmliche Lokalitäten. Was in der Gastronomiebranche in der Sowjetunion dem Touristen überhaupt zugänglich ist, erinnert eher an Wartesäle oder Versammlungsräume, ausgenommen wieder die piekfeinen Restaurants in den großen Hotels. Die Illusion, daß man sich zwischen dem Streß einer Stadtbesichtigung und dem anschließenden Folkloreprogramm an einer Tasse Kaffee laben könnte, sollten Sie daher zu Hause lassen. Kommen Sie dagegen nach Riga, der Hauptstadt Lettlands, dann versichern Ihnen die Einwohner, es gäbe nirgendwo in der Sowjetunion so viele Cafés wie gerade bei ihnen – womit sie recht haben. Kommen Sie nach Taschkent, der Hauptstadt Usbekistans, dann beteuern Ihnen die Einwohner, es gäbe nirgendwo in der Sowjetunion so viele Teestuben wie bei ihnen – womit auch sie recht haben. Was Sie also in Moskau vermissen, finden Sie vielleicht anderswo und umgekehrt.

Bei Ihren Einzelunternehmungen, Einkäufen und Stadtbummeln werden Sie am ehesten in Kontakt mit der Bevölkerung kommen. Sie werden erstaunt sein, wie viele Menschen Englisch oder auch Deutsch sprechen. Bevorzugte Themen sind aber nicht, wie oft irrtümlich angenommen, die hohe Politik, die Ost-West-Beziehungen oder Rüstungsfragen, sondern ganz alltägliche Fragen nach Arbeit und Familie, nach Gehalt und Auto. Da kann es allerdings vorkommen, daß ein gewiefter Gesprächspartner besser über den Stand westlicher Technik Bescheid weiß als Sie selbst. Fragen nach neuesten Errungenschaften in der Videotechnik oder bei elektronisch gesteuerten Einspritzmotoren muß der laienhafte Tourist mit Achselzucken quittieren. Und spätestens wenn ein sowjetischer Teenager die Hitliste amerikanischer Schlager auswendig runterrasselt, werden Sie sich fragen, woher die das alles wissen. Dieses Geheimnis hat sehr vielfältige Erklärungen, die zum großen Teil im Ätherbereich zu suchen sind.

Vielleicht werden Sie auf der Straße auch einmal eingeladen. Argwöhnen Sie dahinter nicht gleich den langen Arm des KGB. In der Regel sind Sowjetbürger bei spontanen Bekanntschaften westlichen Ausländern gegenüber freundlich, aber auch zurückhaltend.

Jetzt machen wir noch einen Sprung in das Nachtleben Ihres Hotels – außerhalb findet sowieso keines statt. Neben der oft erwähnten Deschurnaja, der Etagenfrau, hält meist noch ein Barkeeper im Smoking seine Tore für Devisenzahler bis in die frühen Morgenstunden geöffnet. Mit indirektem Licht, rötlich schimmernden Polstermöbeln und westlicher Musik versuchen manche dieser Bars eine anrüchige Atmosphäre vorzugaukeln. Die Sache wirkt so stimulierend, daß man lieber zu einem Buch greifen möchte. Solche Nachtbars scheinen aber besonders bei der örtlichen Jugend hoch im Kurs zu stehen. Junge Leute drängeln sich am späten Abend vor den Türen der Hotels und versuchen mit guten Worten, hin und wieder auch mit einem kleinen Schmiergeld, vom Portier Zutritt zum Attribut des weltmännischen Lebensstils zu erlangen. Zuweilen gelangt auch ein lockerer Nachtfalter an der Türkontrolle vorbei, um sich dann im schummrigen Licht dem zahlungskräftigen Gast als persönliche Attraktion anzubieten.

Große Popularität genießt in der Hauptstadt Moskau eine bislang einzigartige Einrichtung, die laut Eigenwerbung internationales Niveau aufweist. Das Mjeschdu, wie es im Volksmund heißt. In Anlehnung an ein New Yorker Vorbild firmiert es in der englischen Geschäftssprache Moskaus als World Trade Center. Dahinter verbirgt sich ein Handelszentrum mit Einkaufsstraßen, japanischem Restaurant, italienischem Café und deutscher Bierstube, die Hähnchen und originalbundesdeutschen Gerstensaft anbietet. Alles gegen harte Währung und zu Preisen, die man bei uns als eher übertrieben bezeichnen würde. Im selben Komplex ist auch ein Luxushotel mit Sauna und Schwimmbad untergebracht, geeignet für viele Handelsreisende, die im Mjeschdu ihre Büros unterhalten. Nicht zuletzt gibt es dort eine Nachtbar, die ihren Namen nun wirklich verdient, wenn man darunter einen Ausgangsort für nächtliche Abenteuer versteht. Allerdings sind hier die Preise in jeder Beziehung und für jede Beziehung ebenfalls dem internationalen Niveau angepaßt.

Für solche Exkursionen wird dem Pauschalreisenden jedoch kaum Zeit bleiben. Da heißt es oft genug Tempo, Tempo. Aus bislang unerfindlichen Gründen pfropft Intourist die Tagespläne voll mit Sehenswürdigkeiten, Ausflügen, Vorträgen und Begegnungen, daß man glauben möchte, für solch eine Tortur müsse man eigens belohnt werden. Wie Ihnen jedes Reisebüro zu Hause versichert, kann der Veranstalter des Heimatlandes keinen Einfluß auf die Intourist-Programme nehmen. Haben Sie beispielsweise zu einer Rundreise noch einen Tag Moskau extra gebucht, so ist kein Verlaß, daß Sie diesen Tag auch wirklich in der Stadt verbringen können. Es gibt Fälle, in denen Gruppen statt dessen zwischen Hotel und zwei Flughäfen hin- und herchauffiert wurden, aber für diesen »Sondertag« ihren Aufschlag bezahlt haben. Etwas verschleiernd ist deshalb die formalistische Zählweise der Reisetage, die Intourist auf einem Merkblatt herausgibt. Erster Tag: Ankunft in Moskau. Zweiter Tag: Weiterflug nach Taschkent. Im Klartext kann das bedeuten, daß Sie in der Nacht zwischen beiden Tagen kein Bett sehen und folglich Ihre Augen nur in der Wartehalle eines Flugplatzes mal zuklappen können. Denn die übliche Ankunft in Moskau erfolgt am späten Nachmittag oder frühen Abend. Mit Zollabfertigung, Transfer zum Hotel, Registrierung der Pässe und einem Abendessen ist der Rest dieses Tages verbraucht. Dann teilt die Intourist-Dame dem erstaunten Ankömmling mit, daß in der Nacht die Maschine Richtung Mittelasien startet, von einem anderen Flugplatz aus, zu dem der Bus wieder eine gute Stunde unterwegs ist. Abfahrt vom Hotel – sagen wir 1.30 Uhr nachts. Da rein rechnerisch der zweite Reisetag ab Mitternacht beginnt, möge man sich bitte nicht beschweren, daß hier ein falsches Reiseprogramm vorliege. Ganz im Gegenteil. Man hält doch den Plan exakt ein: Ankunft am ersten, Weiterreise am zweiten Tag. Eine Logik, die sicher nicht im Sinn der Konkurrenzfähigkeit liegt. Aber Konkurrenz gibt es auf diesem Sektor ja nicht. Im Prinzip sind indes alle Intourist-Angestellten bemüht, dem Gast die Reise und den Aufenthalt im Land so angenehm wie möglich zu machen. Doch verblüffen einige der staatlichen Reiseleiterinnen immer wieder mit einer gehörigen Portion Selbstbewußtsein, um nicht zu sagen Hartnäckigkeit, just in solchen Situationen, die dem unerfahrenen Sowjetunionbesucher als weniger angenehm in Erinnerung bleiben. Touristen, die des öfteren in das Land zurückkehren, wissen, es gibt einen Plan, und den gilt es einzuhalten.

Die gelegentlich geäußerte Befürchtung, touristische Programme in der UdSSR seien deshalb so gedrängt und von Intourist gut beäugt, weil man die Fremden von der eigenen Bevölkerung fernhalten wolle, scheinen unbegründet. Stellen Sie sich vor, Sie wären für eine Gruppe Ausländer in Ihrer eigenen Heimatstadt verantwortlich, Ausländer, die nicht einmal die Buchstaben, geschweige denn die Sprache des Gastlandes beherrschen. Da kann einem mulmig werden. Außerdem seien Sie unbesorgt. Man wird Ihre Neugierde für sensible Orte gar nicht erst wecken, weil Sie dort überhaupt nicht hingelassen werden. Denn Militärgeheimnisse und solche, die wir nicht unbedingt dazu zählen, unterliegen einer besonderen Fürsorge. Verwunderlich, aber wahr ist auch, daß der Tourist noch im Zeitalter der Satellitenaufklärung aus einem sowjetischen Flugzeug heraus keine Photos machen darf. Diese Regelung gilt natürlich für alle, auch die inländischen Passagiere.

Es gibt viele Objekte in der Sowjetunion, die dem Auge der fremden Kamera verborgen bleiben sollen. Dazu zählen Brücken, Bahnhöfe, Gleisanlagen, Flughäfen, Uniformierte und ganz allgemein militärische oder geheime Einrichtungen, die nicht immer als solche zu erkennen sind. Im Zweifelsfall fragen Sie die Intourist-Begleitung.

Für die Arbeitspraxis bedeutet dies, daß Korrespondentenberichte, wie sie etwa von sowjetischen Kollegen aus Westeuropa oder den USA geliefert werden, im umgekehrten Fall zu einer ernsten Verwarnung führen können: nämlich Bilder über den Transport neuer Raketen, das Abfilmen von Kasernen und Militärfahrzeugen, Demonstranten vor Waffenlagern. Einem westlichen Fernsehteam in der Sowjetunion würden solche Aufnahmen gar nicht erst gestattet. Doch das sind Einschränkungen, die Sie als Tourist kaum spüren werden. Im Gegenteil. Vielleicht sind Sie ganz begeistert und verdanken einer hilfreichen Reisebegleitung, daß Ihre Fahrt ein großer Erfolg geworden ist. Drängeln Sie dann aber bitte nicht die Intourist-Führerin, daß sie Ihnen Name und Adresse gibt, weil Sie sich irgendwann mit einer Grußkarte noch einmal bedanken wollen. Ein Tabu besagt, daß hier keine Privatadressen weitergegeben werden sollen. Im besten Fall erhalten Sie die Auskunft, bei Interesse könnten Sie sich an die Intourist-Zentrale in Moskau wenden.

Wenden wir uns noch einmal der Existenz von Ausländern zu, die für längere Zeit in der Sowjetunion leben. Sie wissen bereits, daß es abgeschirmte Wohnblocks für die Fremden gibt. Andere Erkennungsmerkmale der Spezies Ausländer sollen Sie gleich erfahren. Da sind zunächst die Autoschilder. Keiner Behörde bei uns würde es einfallen, den Kraftwagen von allen Ausländern grundsätzlich eine besondere, von den heimischen Gebräuchen abweichende Autonummer zu verpassen. In der Sowjetunion ist das anders. Weiße Zeichen auf rotem Grund besagen, daß der Wagen zu einer ausländischen Botschaft gehört. Schwarze Zeichen auf gelbem Grund benutzen ausländische Korrespondenten und Manager. Doch damit nicht genug. Jedes Land hat seine eigene Kodenummer: 001 bedeutet Großbritannien, 002 ist die Bundesrepublik Deutschland, 003 Kanada, 004 USA, 005 Japan und so weiter. Den meisten westlichen Staaten sind die leichter einprägsamen niedrigen Zahlen zugewiesen. Das neutrale Österreich (017) liegt noch verhältnismäßig niedrig, während die Schweiz bei 072 eingestuft ist. Die sozialistischen Länder wie Bulgarien, Ungarn, Vietnam, DDR oder Polen sind ebenfalls auf höheren Rängen, zwischen 081 und 085, plaziert. Auch die Palästinensische Befreiungsfront ist bei den diplomatischen Autonummern unter 107 erfaßt, und das Schlußlicht bilden derzeit die Kapverdischen Inseln mit Nummer 113.

Vor diesen Kodenummern der einzelnen Länder steht noch als zusätzliches Erkennungsmerkmal die Spezifizierung *D* für Diplomat, *T* für Botschaftsmitarbeiter ohne diplomatischen Rang, *K* für Korrespondent und *M* für Manager. Für Wagen, die aus der Sowjetunion wieder ausgeführt werden, besteht noch das Sonderzeichen *P*, was bedeutet *Permit to leave the USSR*, Erlaubnis zum Verlassen der Sowjetunion. Dieses Schild muß immer dann beantragt werden, wenn der Wagen endgültig außer Landes gebracht wird.

Die Funktion solcher Autonummern ist leicht zu erklären. Da sich Ausländer nicht ohne besondere Voranmeldung außerhalb Moskaus bewegen dürfen, können staatliche Organe schnell feststellen, wer gegen diese Regel verstößt. Ein solcher Wagen wird sofort von einem der zahlreichen Milizposten angehalten, die an allen Ausfallstraßen stationiert sind, und erbarmungslos zurückgeschickt. Allerdings ist der Freiraum so weit gehalten, daß man am Wochenende auf bestimmten Straßen bis in einige umliegende Dörfer fahren kann. Dort können die Ausländer dann an verschiedenen Stellen des Flusses baden, grillen und zelten, um sich dadurch den Hauch eines Wochenendausflugs zu verschaffen. Bei dem Bewegungsgebot um die sowjetische Hauptstadt herum besteht ein gewisses Informationsvakuum. Niemand weiß genau zu sagen, wo denn nun die Schallmauer für genehmigungspflichtige Ausflüge liegt. Offizielle sowjetische Stellen geben gerne den Rat, man solle sich in der Botschaft seines Landes erkundigen. Dort könne man anhand einer Karte den genauen Spielraum ablesen. Dann stellt sich heraus, daß es – je nach Herkunftsland – verschiedene Vorschriften gibt, und es bleibt die Erfahrung, sich nach einer Faustregel zu richten. Im Umkreis von etwa vierzig Kilometern ab Kremlmauer kann man problemlos mit dem Wagen spazierenfahren. Auch bestimmte touristische Ziele wie das Kloster Sagorsk (60 km entfernt), sind genehmigungsfrei. Ansonsten muß die Reise 48 Stunden vor Fahrtbeginn bei der zuständigen Behörde angemeldet werden.

Sonn- und Feiertage zählen nicht mit. Ein für Montag früh geplanter Ausflug sollte daher tunlichst am Donnerstag zuvor aktenkundig gemacht werden.

Vielleicht möchten Sie als Einzeltourist gerne eine Fahrt mit dem Mietwagen unternehmen. Fragen Sie vorher bei Intourist. Man wird sich um die notwendige Registrierung bemühen. Das gleiche gilt selbstverständlich für Ausländer, die ständig in Moskau leben. Sie können sich im Einzelfall immer an die entsprechende Behörde wenden, um zu erfahren, welche Städte und Regionen derzeit »geöffnet« sind und wohin eine Reise vergeblich beantragt würde. Trotz all dieser Einschränkungen verfügen Ausländer mit Wohnsitz Moskau über erhebliche Privilegien, verglichen mit der sowjetischen Bevölkerung: mehr Wohnraum, ein größeres Warenangebot in Spezialgeschäften, bessere Dienstleistungen. Alles freilich gegen harte Währung und zu Preisen, die auch nach westlichen Maßstäben der oberen Wohlstandskategorie angemessen sind.

Für die Umsorgung der fremden Dauergäste ist eine Organisation zuständig, das UPDK (Uprawljenije po obslushiwaniju diplomatitscheskogo korpusa), was soviel heißt wie »Verwaltung für die Bedienung des diplomatischen Korps«. Ohne diese Behörde können Sie keine Wohnung mieten, keinen Dolmetscher, keine Sekretärin, keinen Fahrer einstellen. Das UPDK besorgt Zug- und Flugtickets, bucht Hotels für Reisen. Und schließlich werden von dieser Behörde auch die vielen russischen Kindermädchen, die Njanjas, vermittelt, deren nachhaltigster Eindruck bei den Ausländerkindern zurückbleibt, für die sie sorgen. Denn diese Njanjas können geradezu überfließen vor Rührung und Zärtlichkeit, wenn sie mit ihren kleinen Schützlingen zusammen sind. Der Nachteil für etwas strengere Eltern besteht ganz einfach darin, daß ihre Kinder durch die Njanjas verwöhnt und verzärtelt werden. Doch dies ist wahrscheinlich noch das angenehmste Zugeständnis, das man unter den fremden Lebensbedingungen wahrscheinlich sogar gerne einräumt.

Unerfreulich ist dagegen der Umstand, daß die besorgten Behörden ihre schutzbefohlenen Ausländer vor lästigem Kontakt mit der eigenen Bevölkerung bewahren wollen. Rufen Sie zum Beispiel in Moskau die Telephonnummer 09 an. Das ist die Fernsprechauskunft. Ein aktuelles Telephonbuch für Privatanschlüsse existiert ohnehin nicht. Nun nennen Sie der freundlichen Dame den Namen eines in Moskau lebenden Ausländers, dazu noch die genaue Adresse. Sie wird sich verzweifelt bemühen, Ihnen die Telephonnummer rauszusuchen. Dann vermerken Sie ergänzend, bei dieser Adresse handele es sich um ein Haus, wo Innostranzy, also Ausländer, leben. Die Antwort der Dame von der Moskauer Telephonauskunft wird sinngemäß lauten: »Tut mir leid, da kann ich Ihnen nicht weiterhelfen« oder »Solche Nummern führen wir leider nicht«.

Ein zweiter Test: Schicken Sie einen Brief an eine Ausländeradresse in der sowjetischen Hauptstadt. Benutzen Sie zum Beispiel den Briefkasten gegenüber dem großen Hotel Ukraina, das ist ein Gebäude im Zuckerbäckerstil am Kutusowski Prospekt, direkt am Fluß Moskwa gelegen. Benutzen Sie den roten Briefkasten für städtische Post. Der blaue ist für alle anderen Sendungen. Die erstaunlichen Augen der Sortierstelle werden mit großer Wahrscheinlichkeit den städtischen Brief nicht übersehen, sondern über ein sogenanntes internationales Auslandspostamt leiten, was man an einem roten Stempel auf der Rückseite des Umschlags erkennen kann. Ob diese personal- und kostenintensive

Sonderbetreuung der Ausländer in Moskau einen Effekt hat, müssen andere beantworten, die daraus ihre Erkenntnisse ziehen.

Die Sorge um die Ausländer drückt sich aber auch in einer Vielzahl von Gesetzen und Verordnungen aus. Natürlich versucht ein jedes Land, sich so gut wie möglich gegen ein Ausspionieren zu schützen. Entsprechend wird in der Sowjetunion geahndet, wer Arbeitsergebnisse oder Dienstgeheimnisse Ausländern mitteilt. Darunter fallen laut einem Erlaß des Obersten Sowjets der UdSSR »Übermitteln und Sammeln von ökonomischen, wissenschaftlichen und anderen Informationen« an ausländische Organisationen oder deren Vertreter. Also ein Gummiparagraph, der besonders reich an Fallstricken für die journalistische Arbeit sein kann. Wenn ein Sowjetbürger für schuldig befunden wird, gegen diese Verordnung verstoßen zu haben, dann kann er für drei Jahre ins Gefängnis oder für zwei Jahre zu Besserungsarbeiten geschickt werden. Sollte der ganze Fall als schwerwiegend eingestuft werden, drohen dem Sowjetbürger für seine Informationsdienste gegenüber Ausländern sogar acht Jahre Haft.

Wer privat mit Ausländern verkehrt, muß darüber sowieso Meldung machen, zumindest wenn er einen fremden Gast bei sich beherbergt. Das Stichwort, das schon oft gefallen ist, heißt auch hier: Registrierung. Innerhalb einer bestimmten Frist müssen Ankunft und Abreise der Verwaltung für Visaregistrierung, kurz UVIR, mitgeteilt werden. Andernfalls drohen Verwarnung oder Geldbuße. Gleiches gilt übrigens für Ausländer, die Angehörige oder Freunde zu sich in die Sowjetunion einladen. In der Regel ist so etwas jedoch problemlos möglich. Sie schreiben einen Einladungsbrief mit genauer Angabe der Aufenthaltsdauer und versichern, daß Sie für die Zeit des Besuches die vollen Kosten übernehmen. Dann entfällt die notwendige Hotelbuchung. Eine entsprechende Mitteilung geht an das sowjetische Außenministerium, das seinerseits eine Visumerteilung befürworten muß. Den Rest regeln Sie mit der Sowjetbotschaft und dem Konsulat im jeweiligen Heimatland. Das Verfahren ist zwar etwas umständlich, aber auf diese Weise ist man wenigstens vor überraschenden Besuchsattacken von Freunden und Verwandten geschützt.

Natürlich muß die Sowjetunion ihre Bürger vor allzu aggressiven Unsitten der Ausländer schützen. Dazu zählt offensichtlich auch das Joggen, also das sportliche Davonlaufen vor dem drohenden Herzinfarkt. In einer Mitteilung an westliche Botschaften hat das sowjetische Außenministerium diese Sportart als ernste Gefährdung für die Fußgänger eingestuft. Sie könnten von den eifrigen Joggern überrannt werden. Außerdem störe dieser Sport den Arbeitsablauf der öffentlichen Verkehrsmittel.

Deshalb – so die Verordnung – dürfe nicht auf Moskaus Straßen, sondern nur in Parks und auf Sportplätzen gejoggt werden. Davon besonders betroffen sind amerikanische Staatsbürger, die diese Sitte von zu Hause in das Zentrum der kommunistischen Bewegung mitbringen.

Trotz dieser zahlreichen Regeln und Reglements herrscht ein ungeschriebenes Gesetz, das stets beachtet wird. Ausländer haben in der Sowjetunion immer An-

Oben: Keine Zigarettenkippe ist auf dem Roten Platz in Moskau zu entdecken, seitdem dort das Rauchen verboten ist.
Unten: Der Respekt vor den musealen Heiligtümern der Geschichte erfordert zuweilen das Überstülpen von Filzpantoffeln.

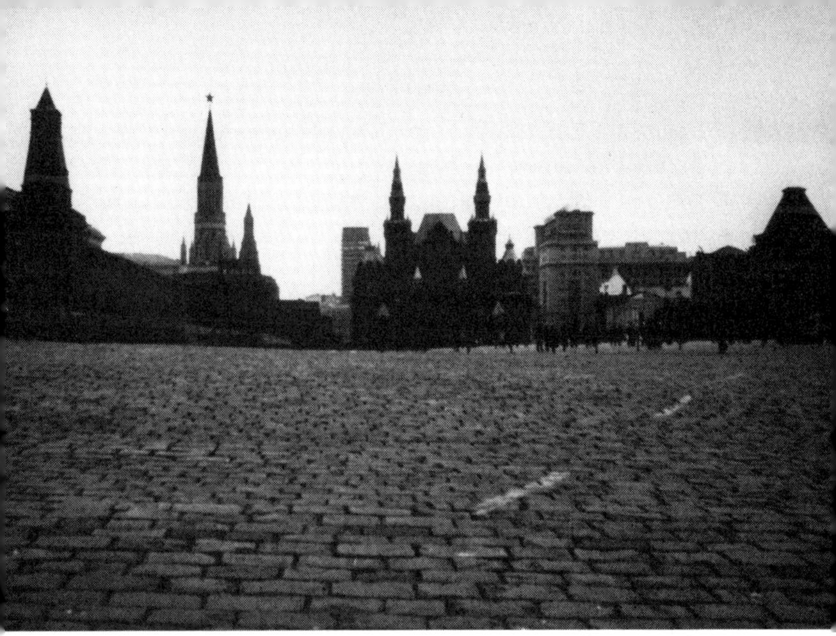

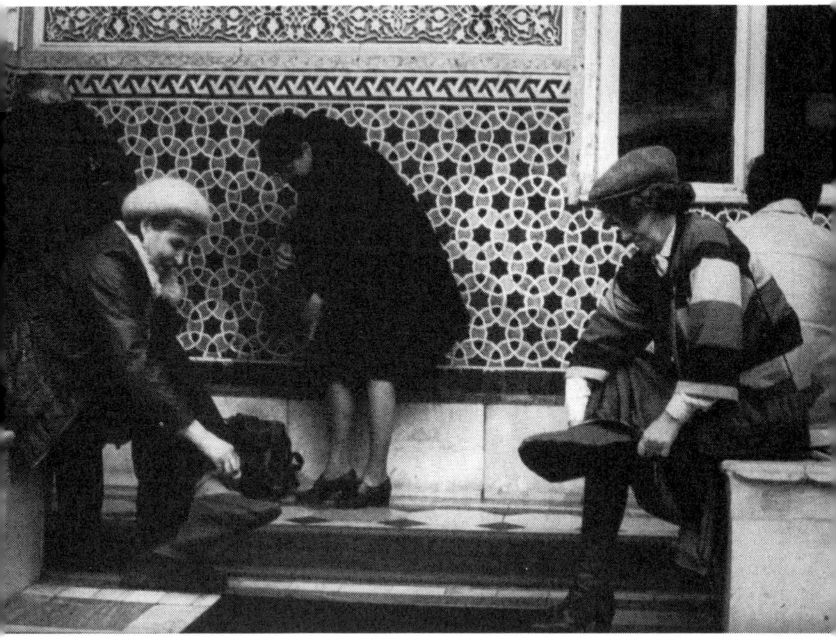

recht auf eine bevorzugte Behandlung. Wenn der Hotelkellner einen einheimischen Gast lange am Tisch warten läßt, dann ist auch die vehementeste Klage nicht immer erfolgreich. Kommt jedoch vom Ausländer eine Beschwerde, bemüht man sich mit viel Entschuldigungen um schnelle Abhilfe. Außerdem werden Sie auf Ihrer Reise, zumal als Kurzzeitgast, kaum erleben, daß man Ihr Herkunftsland kritisiert, selbst wenn Sie aus einem noch so verrucht-kapitalistischen Gemeinwesen stammen. Stets wird sich Ihr Gesprächspartner bemühen, zuerst Gemeinsamkeiten zu würdigen, ehe er in vorsichtiger Diktion anzudeuten versucht, warum nach Meinung seines Landes der eine oder andere Tatbestand in Ihrem Gesellschaftssystem nicht mit der Sache des Friedens, des Fortschritts und der Völkerfreundschaft in Einklang steht.

Auf Unverständnis, ja helle Empörung werden Sie stoßen, sollten Sie über Ihre eigene Heimat keine gute Meinung verbreiten. Man müßte an Ihrem Patriotismus zweifeln, eine in der Sowjetunion hochgeschätzte Eigenschaft. Umgekehrt können Sie sich auf einen Gesinnungswandel auch systemkritischer Geister gefaßt machen, wenn Sie den Patriotismus der Sowjetbevölkerung anzweifeln oder gar deren Rolle im Zweiten Weltkrieg nicht respektieren. Hier eröffnet sich ein endloses Gebiet für Gespräche und Diskussionen, bei denen der westliche Besucher manches erfährt, was ihn nachdenklich stimmen kann. Je mehr bei uns die Zeit den Krieg und seine schrecklichen Folgen zum papiernen Gegenstand der Geschichtsbücher werden läßt, um so nachdrücklicher hält die Sowjetunion die Erinnerung an die Leiden aus der Zeit des deutschen Überfalls wach. Ein sensibler Themenbereich, dem gerade Ausländer bei ihrem Besuch in der Sowjetunion nicht ausweichen sollten.

Parolen, Reklame, Information

Bei Ihrer ersten Stadtrundfahrt, meist in Moskau oder Leningrad, werden Sie etwas vermissen. Sie können aber nicht genau feststellen, was Ihnen am Straßenbild fehlt. Sie beobachten die Menschen, die kaum anders angezogen sind als bei uns. Sie erleben den Verkehr, der in Stoßzeiten zu einer beängstigenden Dichte anwachsen kann. Die Häuser sind auf den Vorzeigerouten ihrer ehemals rissigen Fassaden entledigt und inzwischen meist recht kunstvoll renoviert worden. Vielleicht irrt das Auge so eine Weile hin und her. Es muß sich bei manchen Besuchern erst vom vorprogrammierten Bild eines darbenden Volkes in trister Umgebung lösen. Alles wirkt viel gepflegter als erwartet, ohne freilich den Hauch des schützenswerten Luxus, den die reichen Geschäftsauslagen mancher westlicher Metropole samt ihren dazugehörigen Wachmannschaften verbreiten. In Gedanken jedenfalls vergleichen Sie die Bilder Ihrer vertrauten Umgebung und die neuen Eindrücke miteinander. Sicher wird jeder zu anderen Überlegungen kommen. Doch plötzlich bleibt Ihr Blick an einem jungen Mädchen haften. Nicht ohne Stolz und kecke Anmut trägt sie ein T-shirt mit dem deutschsprachigen Aufdruck »Trinkt mehr Milch«. Andere poppige Hemden werben für Comic- oder Superfiguren aus der amerikanischen Traumwelt. Dann entdecken Sie einige Aufkleber, die der Chauffeur Ihres Tourenbusses über seiner Frontscheibe angebracht hat. Reklame für westliche Konsumgüter. In dem Moment wird klar: Werbung spielt im sowjetischen Stadtbild so gut wie keine Rolle. Die vertrauten Reklametafeln und großen Schaubilder fehlen ganz einfach an den Fassaden, Straßenecken und Kaufhäusern. In den Geschäftsauslagen sehen Sie keine Anpreisungen für die Produkte. Und nur selten finden sich die Firmensignets sozialistischer Bruderstaaten auf den Häuserzeilen.

Nur wenige Leuchtschriften in Kyrillisch fordern die Bürger zu einer bestimmten Art von Konsum auf, nämlich zu ideologischem. Je nach politischer Saison wird auch auf Schrifttafeln in tiefem Rot propagiert, daß das Volk die Beschlüsse des ZK-Plenums, des Parteitages oder eines sonstigen Entscheidungsgremiums voll unterstützt und gutheißt. Und über der Intourist-Zentrale in Moskau, nicht weit vom Roten Platz, prangt die zukunftsweisende Losung *Kommunism pobjedit* – Der Kommunismus wird siegen.

Sollten Sie jedoch zu den großen Festtagen am 1. Mai oder am 7. November in die Sowjetunion kommen, stimmt all das zuvor Gesagte nicht mehr. Denn dann bilden die Städte ein regelrechtes Reklameheer für die progressive Zukunft. Meist in viel Rot getaucht recken sich holzschnittartige Gestalten aus den Plakaten, leicht zu identifizieren als Vertreter des Proletariats, des Militärs oder Vater, Mutter und Kind, die ein Loblied auf die Leninsche Außenpolitik und die Friedensabsichten der Sowjetmacht verkünden. Doch damit soll keine Umsatzsteigerung erzielt werden. Der Plakataufwand dient im Sowjetland den wohlmeinenden Zwecken von Agitation und Propaganda. Zwei Begriffe übrigens, die entgegen unserer Wertung im Sprachgebrauch der Sowjetunion positiv gemeint sind.

Dann finden Sie noch die Porträtserie würdiger Herren, die – sollten Sie Gelegenheit zu mehreren Besuchen haben – auch über Jahre hinweg niemals altern. Etwa ein Dutzend, die Zahl schwankt, blicken von eigens errichteten Stellwänden auf die Bürger nieder. Selbst wenn Sie ein politisch ungeschulter Besucher der Sowjetunion sind, werden Sie doch mit etwas Phantasie einige der auch außerhalb der sowjetischen Grenzen bekannten Politiker wiedererkennen. Allen voran der jeweilige Parteichef, Generalsekretär mit offiziellem Titel.

Diese erlauchten Herren sind zwar keineswegs die Regierung der Sowjetunion, aber, wenn man so will, sind sie es doch. Es sind die Mitglieder des Politbüros, der obersten Entscheidungsinstanz in der Partei, und als solche maßgeblicher als die Regierung selbst. Denn laut sowjetischer Verfassung steht die Regierung im Dienst der einzigen Partei.

Damit zunächst genug des politischen Exkurses. Bleiben wir also noch ein wenig bei unserem Ausgangspunkt, auf den Spuren der freilich dürftigen Reklame.

Wenn in Ihrem Hotelzimmer ein Fernsehgerät nicht nur steht, sondern auch wirklich funktioniert, dann schalten Sie am Dienstag oder Freitag, abends um 21.35 Uhr, das dritte Programm, das sogenannte Moskauer Programm, ein. Dieser städtische Kanal, der allerdings etliche Millionen Zuschauer erreicht, bietet zu den genannten Sendezeiten 15 Minuten lang *Reklama* an. Mode, Traktoren und Elektrogeräte scheinen die zugkräftigsten Artikel zu sein, die hier vorgeführt werden. So jedenfalls der Eindruck, wenn man nur sporadisch einen Blick in das sowjetische Werbefernsehen wirft. In blumigen Worten werden die neuesten Kleiderschnitte, Jacketts und Hutkreationen angepriesen.

Dann kommt ein gestandener Bauersmann, der die Motorleistung eines neuen Feldgerätes lobt. Schließlich erscheinen sogar Videospiele auf dem Bildschirm. Nur eines fehlt meist: der Preis. Und fragt man am nächsten Tag in den gängigen Kaufhäusern nach, ist von der angepriesenen Mode oder den Videospielen noch nichts bekannt. Die Reklamemacher riskieren einen Blick in die Zukunft. Sie sind dem Vertrieb offensichtlich um Wochen oder Monate voraus.

Die sowjetischen Werbefilme haben etwas Beschauliches an sich. Sie würden bei uns wahrscheinlich in die Verantwortung der Kulturredaktion fallen. Epische Breite in der Erzählung. Eine poetisch ausschmückende Kameraführung. Keine Sechzig-Sekunden-Fetzen mit poppigen Sprüchen. Dazwischen ein ausgedehntes Farbenspiel als Unterbrecherspot, eingerahmt von wohliger Unterhaltungsmusik.

Neben diesem zarten Hauch konsumorientierter Medienwelt bietet das sowjetische Fernsehen noch einiges andere, was unseren Augen ungewohnt erscheint. Zunächst einmal die Ansagerinnen. Hier hat auch ein reifes Gesicht noch attraktive Chancen. Man hat jedenfalls den Eindruck, als würden die Damen, die da das laufende Programm ankündigen, bis zum Pensionsalter auf dem Bildschirm präsentiert. Das liegt in der Sowjetunion für Frauen schon bei 55 Jahren. Wenigstens huldigt man nicht dem fältchenfreien Jugendfetischismus. Die Annahme, das – vorsichtig ausgedrückt – etwas deftige Make-up der Fernsehschönheiten solle verjüngend wirken, läßt sich trefflich widerlegen. Denn auch der weibliche TV-Nachwuchs der jüngeren Generation befleißigt sich des Rouges in so hohem Maße, daß man dahinter wohl die Verwirklichung eines Schönheitsideals vermuten muß. Selbst die Damen der besseren und städtischen Gesellschaft eifern diesen Fernsehvorbildern nach.

Die Kleidung der Bildschirmdamen dürfte untereinander neidvolle Konkurrenzkämpfe auslösen. Offensichtlich will hier jede die andere übertreffen, und sei es mit Tüll und Taft oder mit geblümtem Rosé. Als jedoch eine dieser Schönheiten ihr Publikum in einem schwarzen Spitzenkleid überraschte, das mit seiner durchbrochenen Offenheit den gewohnten Weg puritanischer Strenge zu verlassen drohte, da mißinterpretierte ein entwöhnter Westkorrespondent die Attraktion des Abends und kabelte seiner Heimatredaktion, die Fernsehansagerin trage ein Trauergewand, um die Öffentlichkeit auf die Nachricht vom Ableben eines hohen Politikers vorzubereiten. Natürlich treten auch Männer im Programm auf. Mehrheitlich sogar. Sie sprechen die Kommentare, liefern die Auslandsberichte. Kurzum, die Hierarchie erscheint vertraut.

Allerdings ist die Nachrichtenauswahl nun doch etwas befremdlich. Während Indien nach dem gewaltsamen Tod Indira Gandhis in Flammen stand und Hunderte von Menschen ermordet wurden, erschien zwar der dortige sowjetische Korrespondent im Bild. Aber von den Unruhen war nichts zu sehen. Einige Sequenzen weiter flimmerten hingegen wahre Völkerschlachten über den Bildschirm. Auseinandersetzungen zwischen Demonstranten und der Polizei in westeuropäischen Ländern. Seien Sie deshalb nicht enttäuscht, wenn Sie bei noch so eifrigem Fernsehkonsum das Gefühl haben, die Weltlage bleibe Ihnen verschlossen. Dafür erhalten Sie in den 21-Uhr-Nachrichten, *Wremja* genannt (die Zeit), die neuesten Daten über den Erfüllungstand des laufenden Fünf-Jahres-Plans, landwirtschaftliche Reportagen mit wogenden Ährenfeldern und grasenden Kühen sowie regelmäßige Berichte über den Wohnungsbau. Fertigteile etwas schmuckloser Hochhäuser schweben über den Bildschirm. Gelegentlich stellt sich der Reporter auf den noch ungedeckten zwölften Stock eines solchen Baues, um mit dem Brigadier über die schnelle Fertigstellung der Siedlung zu sprechen. Bei dem Gewicht dieser Themen können Sie schnell schlußfolgern, welche Probleme für die sowjetische Gesellschaft im Vordergrund stehen: eben Landwirtschaft und Wohnungsbau.

Das Schlimmste am sowjetischen Fernsehen sind ausländische Filme. Sie werden oft weder richtig synchronisiert, noch blendet man russische Untertitel ein. Was dabei herauskommt, ist eine verwirrende Mischung zwischen dem Originalton des Filmes und einer darübergesprochenen Übersetzung.

Häufig erörtern ernst dreinblickende Männer die weltpolitische Lage. Und noch häufiger wird der Zuschauer mit Sport gefüttert. Fußball, Eishockey, Turnen, Eiskunstlauf und dergleichen mehr erscheinen zur besten Sendezeit. Man muß schon ein richtiger Sportnarr sein, um sich mit diesem Programm anzufreunden. Das sind weiß Gott nicht alle Sowjetbürger. Und deshalb sprach die renommierte Literaturzeitung vielen Menschen aus der Seele, als sie bei einer Fernsehanalyse zu dem Schluß kam, durch diese vielen Sportsendungen würden andere Zuschauerinteressen vernachlässigt.

Natürlich sollen Sie bei Ihrem möglicherweise kurzen Besuch in der Sowjetunion Ihre kostbare Zeit nicht vor der Mattscheibe verplempern. Deshalb gönnen Sie sich am besten nur einen Höhepunkt aus dem Abendprogramm. Regelmäßig um 20 Uhr im Zweiten Kanal lassen sich Kinder und Erwachsene gleichermaßen von der

Gute-Nacht-Sendung faszinieren, auf russisch *spokoj-noj notschi, malyschi*, was übersetzt »Gute Nacht, ihr Kleinen« heißt. Sie werden auch ohne ein Wort Russisch Ihre helle Freude haben: sprechende Tiere, Trickfilme, eine stets attraktive Moderatorin. Das Ganze ist eingerahmt von einer Bildserie, die aus dauernd sich verändernder Knetmasse besteht. Wunschträume aus dem Kinderschlaf. Die Sendung dauert 15 Minuten.

In noch kürzerer Zeit können Sie jeden Abend eine Reise durch die ganze Sowjetunion erleben. Am Ende der schon erwähnten Nachrichtensendung *Wremja* verkündet in der Regel kein Wettermann seine Prognosen. Statt dessen erscheint eine Bildserie aus den verschiedenen Republiken, zu denen die Vorhersage für den kommenden Tag eingeblendet wird. Alles ist untermalt von einer einschmeichelnden Melodie.

Wenn Sie die Sowjetunion nur für eine kurze Reise besuchen, dürfte für Sie die Lektüre sowjetischer Zeitungen entbehrlich sein. Was im Parteiblatt *Prawda* oder in der Regierungszeitung *Iswestija* zu lesen steht, bedarf ohnehin für Nichteingeweihte zuweilen der besonderen Interpretation. Darum kümmern sich bereits mit schwankendem Erfolg ganze Heerscharen von ausländischen Korrespondenten und Diplomaten. Eine Begegnung mit der staatlichen Presse ist aber für Sie dennoch unvermeidbar. Täglich werden die Zeitungen an Häuserwänden und auf Stellwänden in Parks, an Bushaltestellen oder anderen öffentlichen Plätzen ausgehängt.

Sie stoßen allerdings sehr bald auf Broschüren in Ihrer Muttersprache. Sei sie nun Englisch, Deutsch, Französisch, Urdu, Koreanisch oder Suaheli. Die Sowjetunion beschäftigt einen Riesenapparat, der für Propaganda zuständig ist. Dort werden unzählige Büchlein und Hefte produziert, übersetzt und auf fast allen Flughäfen, in den Hotels und internationalen Begegnungsstätten ausgelegt. Das Thema ist eine stete Variation desselben Anliegens: was und wie die Sowjetunion denkt und handelt. Sie finden Broschüren über Religion und Glauben, über Rüstung und Raketen, über Medizin und Bildung, über die Dritte Welt und den Kapitalismus. Und Sie finden die neuesten Reden des Parteiführers und seiner Mannschaft. Alle diese Darstellungen sind höchst interessant unter einem Gesichtspunkt. Sie zeigen das idealisierte Bild eines Landes, dessen Funktionsträger sich in dem Glauben wähnen, das gerechteste Gesellschaftssystem der Welt aufzubauen. Wie immer in der bisherigen Menschheitsgeschichte ist es aber auch hier bislang nicht gelungen, in der Praxis Dekkungsgleichheit mit der Theorie zu erzielen. Wie weit beides in der Sowjetunion auseinanderklafft, beurteilt fast jeder nach anderen Kriterien. Vielleicht bietet sich bei Ihrem Aufenthalt die Möglichkeit, daß Sie selbst Erfahrungen sammeln, die Sie dann mit der einen oder anderen Selbstdarstellung vergleichen können. Für die zahlreichen Ausländer in und außerhalb der Sowjetunion strahlt Radio Moskau einen *World Service* in englischer Sprache aus. Auf der Mittelwellenfrequenz 920 kHz hören Sie im Inland Reportagen aus dem sowjetischen Alltag, politische Kommentare, stündlich Nachrichten und eine Musikauswahl, die zwischen russischer Folklore und etwas angestaubtem Pop schwankt.

Von den russischsprachigen Rundfunkprogrammen ist *Majak* (der Leuchtturm) am populärsten. Mitte der sechziger Jahre wurde das damalige zweite Programm in eine Art Servicewelle umgewandelt. *Majak* gilt als der schnellste Sender, Nachrichten werden immer zur halben Stunde ausgestrahlt und bei eiligen Neuigkeiten wird eine Sendung auch eher unterbrochen als in anderen Rundfunkprogrammen. *Majak* hat jedoch eine merkwürdige Lücke im ausgedruckten Wochenprogramm hinterlassen. Jeder weiß, nach welchem System *Majak* sendet, daher wird das Programm in der Vorschau der Zeitungen gar nicht mehr erwähnt. Doch anstelle des von *Majak* vereinnahmten zweiten Programms ist kein neues zweites hinzugekommen. Sie finden deshalb nur das erste und das dritte, wahlweise noch weitere Rundfunkprogramme annonciert. Denn je nach Republik muß auf mindestens einer Frequenz in der nichtrussischen Republiksprache gesendet werden.

Das erste Programm gilt als Wortprogramm mit einem gehörigen Anteil offizieller Verlautbarungen. Böse Zungen behaupten, wenn man das umrahmende Musikangebot zehn Jahre lang nicht gehört hat und dann das erste Radioprogramm wieder einschaltet, könne man keine Veränderung wahrnehmen. Traditionsreich ist die sonntägliche Ausstrahlung einer Theateraufführung, ein Bereich, den bei uns bereits das Fernsehen geschluckt hat.

Das dritte Rundfunkprogramm schließlich ist das anspruchsvolle Kulturangebot mit literarischen Lesungen, klassischer Musik und beliebten Funkspielen.

Nun werden Sie sich allmählich fragen, warum denn die ausführliche Schilderung der Radioprogramme in diesem Büchlein auftaucht. Ganz einfach, in Ihrem Hotelzimmer steht mit allergrößter Wahrscheinlichkeit ein weißer Plastikkasten, dessen obere Seite vier Knöpfe und ein seitliches Stellrad aufweist. Das ist ein Radio. Bei diesem Apparat brauchen Sie sich nicht mit Frequenzen herumzuquälen, weil praktisch in allen Orten der Sowjetunion das Rundfunkprogramm verkabelt ist und direkt aus einer speziellen Steckdose angezapft werden kann. Sie schalten also das Gerät nur ein, drücken dann Knopf eins, zwei oder drei für wahlweise eines der Programme, und Sie haben einen kristallklaren Empfang. Das Rädchen ist nur für die Lautstärke. Was Sie unter den drei Knöpfen erwartet, wissen Sie bereits aus obiger Programmerläuterung.

Sicher sind Sie verwöhnt und erwarten Stereomusik, riesige Boxen mit zwei Kanälen. Auch das gibt es. Schauen Sie in die Radioabteilung eines Warenhauses, und Ihnen dröhnen die Ohren. Doch aus technischen Gründen wird im Moskauer Bereich Stereo nur im vierten Programm angeboten. Wegen des unendlichen Sendegebietes in der Sowjetunion sind die Lang-, Mittel- und Kurzwellenbereiche praktischer. Und in dem Bereich ist Stereo ja nicht möglich.

Falls Sie einen kleinen Taschenempfänger mitnehmen, können Sie in unserem UKW-Bereich nichts empfangen. Dort, wo unsere Frequenztabelle aufhört, etwa bei 108 MHz, da beginnen erst die sowjetischen Sendefrequenzen.

Ähnlich ist es auch mit dem Fernsehen. Deshalb können in den Grenzgebieten zu Finnland ausländische TV-Programme von der sowjetischen Bevölkerung nur mit einem Zusatzgerät empfangen werden. Auch sowjetische Fernseher, die für den Export nach Westeuropa gebaut wurden, müssen für den Empfang im Heimatland wieder umgerüstet werden.

Nun noch einmal zurück zur Presse. Und zwar zu solchen Blättern, die Sie auch lesen und verstehen können. Für Ausländer erscheint ein spezielles Wochenblatt, die *Moscow News*, das auch in Französisch, Spanisch und Arabisch herauskommt. Für sowjetische Verhältnisse ist das Blatt mit 16 Druckseiten ziemlich opulent geraten und reich bebildert. Der Mittelteil ist meist irgendwelchen offiziellen Verlautbarungen, Kommuniqués, Gesetzestexten oder Wirtschaftsplänen vorbehalten.

Wer in den *Moscow News* ein wenig herumblättert, kann die gleiche Weltensicht erfahren, wie sie auch in der übrigen sowjetischen Presse verbreitet wird. Allerdings entdeckt man immer wieder recht aufschlußreiche Hintergrundberichte, die von ernsten Problemen zeugen. So war in den *Moscow News* als einzigem Blatt die Klage eines sowjetischen Schriftstellers zu lesen, der als engagierter Verfechter des Umweltschutzes auf die drohende Austrocknung und Versalzung des Aralsees aufmerksam machte.

Schließlich wird ein russischer Sprachkurs angeboten, in dem man sich über so sinnige Themen auslassen soll wie: »Erzählen Sie über die Brigade der Stahlarbeiter« oder »Berichten Sie über die internationale Anti-Kriegs-Rallye vom Sieges-Platz in Lipetsk«. Entsprechende Lektionstexte gehen natürlich voraus.

Hin und wieder schlüpfen auch visuelle Zugeständnisse an den ausländischen Leser in das Blatt. So ein Bildbericht über den Besuch der amtierenden Miß Europa, seinerzeit eine hübsche türkische Studentin, die in Moskau Reklame für irgendwelche Schönheitsprodukte machen wollte. Die Sowjetunion selbst nimmt jedoch an keinem Schönheitswettbewerb teil. Solche Veranstaltungen gelten als bourgeois und als Ausbeutung des weiblichen Körpers. Über derlei Veranstaltungen werden bestenfalls ironische Berichte verbreitet, die nicht selten mit dem Unterton moralischer Empörung vorgetragen werden. Daß ein sozialistischer Bruderstaat wie Ungarn nun Schönheitswettbewerbe eingeführt hat, dürfte manchen Sowjetfunktionär an der ideologischen Geradlinigkeit des Verbündeten zweifeln lassen. Zu den unerschöpflichen Themen aller Publikationen gehören Revolution und Krieg. Der positive Held geistert auch heute noch durch alle Produktionen: als guter Sohn, als treuer Ehemann, tapferer Soldat, kämpferischer Kommunist, hilfsbereiter Brigadier und arbeitsamer Kolchosnik. Wenn es dagegen eine Welt voller Widersprüche, sozialer Ungerechtigkeiten und tiefer Depressionen gibt, dann ist das natürlich das räuberische System des Kapitalismus. Zweifellos leben auch dort gute Menschen, die dem bösen System zum Opfer fallen. Eine Sichtweise, die sich in Umkehrung teilweise ebenso auf unser Bild vom anderen System übertragen läßt. Obwohl inzwischen auf beiden Seiten von vernünftigen Leuten Zwischentöne in diesem Schwarzweißgebilde entdeckt werden, bleibt die Darstellung der Wahrheit doch immer an eine systemeigene Sprache gebunden. Originalzitat aus der Zeitschrift *Neues Leben* Nr.49/1984: »In der Republik Südafrika haben sich 300 Zweigstellen von BRD-Firmen niedergelassen. Sie beuten die Arbeit von 50000 Schwarzen aus.«

Egal, wie man zum politischen System Südafrikas steht, man könnte mit Fug und Recht in anderer Lesart behaupten, daß die Firmen der Bundesrepublik in Südafrika 50000 Arbeitsplätze geschaffen haben.

Unter Anspielung auf verzerrte Darstellungen geht ein immer wieder aktualisierter Witz davon aus, daß der amerikanische Präsident und der sowjetische Parteichef ihre Zwistigkeiten durch einen friedlichen Wettlauf auf der Aschenbahn beilegen wollen. Der Amerikaner gewinnt. Schlagzeile der *Prawda* am nächsten Tag: »Unser Generalsekretär belegte einen hervorragenden zweiten Platz. Der amerikanische Präsident wurde Vorletzter.« Ob die amerikanische Presse im umgekehrten Fall nicht

Die Zeitungsköpfe der Parteizeitung *Prawda*, der *Regierungszeitung Iswestija* und der deutschsprachigen Tageszeitung *Freundschaft*

53

gleichfalls eine patriotische Siegesmeldung formuliert hätte, bleibt dahingestellt.

Auch wenn Sie kyrillische Buchstaben nur mit Mühe entziffern können, kaufen Sie sich ein Exemplar der *Prawda* oder *Iswestija*. Wenn Sie die nachfolgenden Zeilen gelesen haben, werden Sie verstehen, daß Sie mit diesen Blättern ein originelles Souvenir erwerben. Bereits die Zeitungsköpfe bieten Ihnen eine anschauliche Studie in sowjetischer Gegenwartskunde. Über dem Titel *Prawda*, zu deutsch Wahrheit, steht zuoberst der kommunistische Leitsatz: »Proletarier aller Länder, vereinigt Euch!« Darunter steht zu lesen: »Die Kommunistische Partei der Sowjetunion«. Denn die *Prawda* ist das offizielle Blatt der Partei. Links von dem fettgedruckten Titel sind drei Signets abgebildet. Unschwer ist darunter zweimal der Leninkopf inmitten eines Ährenkranzes zu erkennen, in dessen oberer Hälfte der Name des Staatsgründers eingefügt ist. Daneben prangt ein fünfzackiger, mit Strahlen unterlegter Stern. In der Mitte dieses Signets ist das Bild eines Schiffes zu sehen, darüber eine Fahne mit der Aufschrift *Oktoberrevolution*. Außerdem tragen alle diese Signets Hammer und Sichel, das obligatorische Zeichen der Arbeiter- und Bauernmacht, das außerhalb des sozialistischen Lagers auch der österreichische Staatsadler in seinen Klauen hält. Dort allerdings mit zerbrochenen Ketten.

Leninkopf und Schiffsporträt auf der *Prawda* sind Orden, die dem Blatt verliehen worden sind. Zweimal der Leninorden und einmal der Orden der Oktoberrevolution. Bei dem abgebildeten Schiff handelt es sich um die *Aurora*, ein Kriegsschiff, das heute noch den Touristen auf einem Nebenarm der Newa in Leningrad vorgeführt wird. Das Schiff hat nie an einer revolutionären Schlacht teilgenommen, sondern 1917, am ersten Tag der Revolution, lediglich den Startschuß als Signal zum Sturm auf das Winterpalais gegeben.

Unschwer werden Sie neben dem aktuellen Tagesdatum auf dem *Prawda*-Titel noch ein zweites Datum entdecken. Den 5. Mai 1912. Das Datum gilt als Gründungstag durch Parteiführer Lenin.

Bei der *Iswestija*, zu deutsch Mitteilungen, sieht alles ähnlich aus, bis auf zwei Unterschiede. Der Vereinigungsaufruf an die Proletarier aller Länder ist dreizeilig gleich 15mal über dem Titel abgedruckt. Und zwar in den offiziellen Landessprachen der 15 Unionsrepubliken, die zusammen die Sowjetunion bilden. Die beiden Schriften, die Ihnen am wenigsten vertraut aussehen und eher wie kunstvoll geschwungene Seile erscheinen, sind Georgisch – zu Beginn der zweiten Zeile – und Armenisch in der Mitte der dritten Zeile. Vielleicht besuchen Sie auf einer Rundreise auch diese Kaukasusrepubliken. Dann können Sie zumindest die beiden für uns sehr fremden Schriftzeichen nach einer Faustregel unterscheiden. Georgische Buchstaben sind gedrungener und gerundeter, armenische hingegen wirken schlanker und höher. Außerdem werden Sie feststellen, daß noch andere Sprachen in der Sowjetunion die kyrillische Schrift benutzen.

Neben den beiden schon vertrauten Ordenssignets ist die *Iswestija* noch mit dem Orden *Trudowogo Krasnogo Snamjeni*, also mit dem Orden vom Roten Arbeitsbanner, geschmückt. Hier prangen Hammer und Sichel (auf russisch übrigens immer »Sichel und Hammer«) in der Mitte des Emblems vor einem schwer zu identifizierenden Wasserkraftwerk und einer Eisenbahnbrücke. Darüber eine Fahne mit den Buchstaben CCCP, die russische Abkürzung für UdSSR. Übersetzt lautet der volle Zeitungstitel der *Iswestija* »Mitteilungen der Räte der Volksdeputierten der UdSSR«, also ein Organ der Regierung. Diesen beiden, auch bei uns bekanntesten Zeitungen, ist mit allen anderen Blättern in der Sowjetunion gemeinsam, daß sie von erstaunlich spärlichem Umfang sind. Im Schnitt sechs Seiten. Einmal wöchentlich etwas mehr. Auch wenn der Text recht eng gesetzt ist, es an großformatigen Überschriften fehlt und keine Reklame kostbaren Platz wegnimmt, so dürfte im Vergleich eine westliche Tageszeitung mit dem 10- bis 15-fachen Umfang auf einen sowjetischen Durchschnittsleser wie ein Schock wirken.

Besonders auffallend ist für Laien in der *Prawda* die Seite mit internationalen Nachrichten, weil dort oft sehr plakative Karikaturen abgedruckt sind, die regelmäßig den Klassengegner und mit Vorliebe die Aktivitäten des amerikanischen Geheimdienstes CIA zum Thema haben.

Im Gegensatz zu den übrigen Illustrationen haben die Photos dieser internationalen Seite das Flair eines Reportageschusses, wenn auch überwiegend prügelnde Polizisten und kämpfende Demonstranten aus kapitalistischen Ländern abgebildet werden. Die restlichen Bilder in sowjetischen Zeitungen erinnern – mit Ausnahme der Sportberichte – an die Ergebnisse von Klassenwettbewerben unter der Überschrift: Mein schönstes Photo. Hier wird die heile Welt des sowjetischen Menschen in Beruf und Familie vervielfältigt. Die letzte Seite bei *Prawda* und bei *Istwestija* ist sehr populär, denn dort stehen das aktuelle Radio- und Fernsehprogramm sowie die Wetterprognose. Aus der Wetterkarte der *Iswestija* können Sie mühelos ablesen, wie extrem die Klimaunterschiede im Land sind. Wenn in Moskau der Winter bei Temperaturen kurz unter dem Gefrierpunkt beginnt, kann es im Süden in Aschchabad

56

16 Grad plus und in Jakutsk in Sibirien 35 Grad minus sein. Eine Spannweite von 51 Grad Celsius.

Doch zurück zur Zeitung selbst. Sie werden großflächige Reklameseiten vermissen, ebenso auch private Kleinanzeigen. Nicht überall haben sich Heiratsannoncen durchgesetzt wie in einigen Blättern der baltischen Republiken. Dort kann man Anpreisungen lesen, die auch bei uns üblich wären: »Durchschnittlicher Mann aus Riga, 44/167, schlank, braunhaarig, energisch, selbständig, mitfühlend, wohlwollend, Antialkoholiker, Raucher, geschieden, möchte für gemeinsames Leben eine sympathische, schlanke Frau mit ebensolchen Eigenschaften kennenlernen, möglichst nicht älter als 36 Jahre.«

Und in einer Zeitung aus Kasachstan warb eine 59jährige Witwe um die Bekanntschaft mit einem gleichaltrigen Mann, Nichttrinker, bescheiden und arbeitsam.

In Moskauer Zeitungen wird man dagegen solche Gesuche und Selbstanpreisungen vermissen. Nur das lokale Abendblatt hat einen Sonderdienst für Veranstaltungen: Kino, Theater, Konzerte.

Ab und zu erscheinen Hinweise von Geschäften, die eine langgesuchte Ware zum Verkauf bereithalten. Aber das ist auch schon alles. Die bei uns gewohnten Familienanzeigen für Geburt, Heirat und Tod fehlen fast ganz. Selten wird mit einer kurzen Würdigung der Verdienste auf das Ableben eines unteren Parteikaders hingewiesen. Für hohe Funktionäre bestehen allerdings Sonderregeln, die Sie im nachfolgenden Kapitel erfahren sollen.

In der Sowjetunion erscheinen auch eine deutschsprachige Tages- und eine deutschsprachige Wochenzeitung. Beide sind nicht als Propagandainstrumente für das Ausland gedacht. Es handelt sich um Blätter für die große Gruppe der etwa zwei Millionen Deutschen, die in der Sowjetunion leben. Ihr Hauptsiedlungsgebiet ist heute Kasachstan, wo auch die Tageszeitung *Freundschaft* herausgegeben wird, bislang übrigens noch ohne Ordensauszeichnung. Die *Freundschaft* druckt viele Texte der amtlichen Nachrichtenagentur Tass und Kommentare der *Prawda* nach, die zuvor ins Deutsche übersetzt wurden.

Viele Überschriften der redaktionseigenen Artikel leisten sich Anleihen bei einem patriotischen Wortschatz, den man bei uns kaum noch pflegt. »Auf dem Boden der Väter« lautet der Titel einer Familienchronik von Bauersleuten. »Eine Handvoll Heimaterde« ist die Geschichte eines Kriegsveteranen überschrieben, der ein paar Krumen heimatlichen Bodens mit an die Front nahm und nach seiner Rückkehr die Jugend lehrte: »Denkt stets daran, im Brotgetreide liegt die ganze Macht unserer Heimat.« (*Freundschaft* 1.12.1984) Auch die dichterischen Leistungen mancher Lyriker, die in der *Freundschaft* nachgedruckt werden, sind unserem Sprachempfinden schon ein wenig fremd geworden. Kostprobe aus »Heimische Flur« von Friedrich Bolger:

> Der Pflug hackt ins Neuland die Zähne,
> reißt bettwarm die Furchen daher.
> Sie wogen wie Wellen im Meer.
> Und schwarze geschäftige Kähne –
> der Raben gefräßiges Heer –
> durchsegeln sie kreuz dann und quer,
> wie weit sich der Acker auch dehne.
> (ebenda)

Jede Zeitungsnummer ist indes eine Fundgrube für Sprachinteressierte. Denn in der *Freundschaft* wird ein

Dialekt gepflegt, den die Nachkommen früherer Rußlandauswanderer bis heute bewahrt haben. Beispiel:

»Doa best du opm Holtwajch. Daut wea mol so. Nu oba es daut so, daut wi onse Tinja bit de Pensija brinje motte und de Grottinja – bit se selwständig sent.«

»Totschno, so onjefea is daut.«

Was hier der Mundartschreiber Jasch Friese zusammengestellt hat, heißt auf Hochdeutsch:

»Da bist du auf dem Holzweg. Das war mal so. Nun aber ist das so, daß wir unsere Kinder bis zur Pension bringen müssen und die Großkinder – bis sie selbständig sind.«

»Genau (das einzige russische Wort), so ungefähr ist das.«

Was mehr als Kuriosität am Rand der sowjetischen Medienlandschaft auftaucht, ist jedoch fester Bestandteil von lokalen Rundfunkstationen und deutschsprachigem Schulunterricht.

Vieles wird getan, um den Patriotismus eines – wie es offiziell heißt – Sowjetdeutschtums zu fördern. Das ist aus der Sicht der sowjetischen Behörden offensichtlich notwendig, um die nach wie vor große Zahl Auswanderungswilliger von ihrem Vorhaben abzubringen. Es gibt zwar keine offiziellen Zahlen, aber die immer wieder erscheinenden Artikel, die von einem mühseligen Leben in der Bundesrepublik berichten, sollen abschrecken. Einzelne Auswanderer, die wieder in die Sowjetunion zurückgekehrt sind, schildern ihre negativen Eindrücke vom Land der Väter. So erklärte eine gewisse Elisabeth R. dem Korrespondenten der *Freundschaft* auf seine Frage über das Leben in der Bundesrepublik: »Ich will nur sagen, daß für uns, unter der Sowjetmacht geborene und an unsere Lebensbedingungen gewöhnte Menschen, das Leben dort unerträglich ist. Und nicht nur wegen der Arbeitslosigkeit, der Schwierigkeiten mit Wohnungen, wegen der hohen Wohnungsmiete, Kommunalausgaben und dem peinlichen Rechnen mit jedem Pfennig. Man wird dort nie die Last der ewigen inneren Spannungen los. Selbst die Atmosphäre des dortigen Lebens und des Verhaltens der Menschen zueinander bedrückt einen dort. Nein, das ist nicht unsere Welt.«

Woldemar R., ein anderer Rückwanderer, meinte über seine in die Bundesrepublik ausgesiedelten Landsleute: »Eines kann ich sicher behaupten: Es gibt unter ihnen niemanden, der mit dem dortigen Leben zufrieden wäre. Zumindest sind uns solche nicht begegnet.« (*Freundschaft* 13.10.1984)

Das deutschsprachige Wochenblatt *Neues Leben* schreibt im gleichen Tenor. Die Auseinandersetzung mit der Bundesrepublik ist in der Sowjetunion traditionell sehr engagiert. Unter der deutschstämmigen Bevölkerung scheint sie für manche sogar existentiell zu sein.

Natürlich werden in der Sowjetunion noch viele andere deutschsprachige Publikationen herausgebracht. Bücher russischer und sowjetischer Schriftsteller, Fachliteratur oder auch Reden der führenden Politiker des Landes. Ein eigener Verlag bemüht sich um Übersetzung und Vertrieb solcher Bücher. Schließlich sendet noch ein deutschsprachiges Kurzwellenprogramm von Radio Moskau, um in Mitteleuropa Meinungsbildung im Sinne der herrschenden Auffassung zu betreiben. Dieser Sender versucht, ebenso wie parallele Unternehmen aus vielen anderen westlichen und östlichen Ländern, mit seinen Hörern in Briefkontakt zu kommen. Es kann durchaus sein, daß sich ein Gesprächspartner auf Ihrer Reise danach erkundigt, ob Sie diesen Sender schon einmal gehört haben, wie Sie ihn beurteilen, ob der Empfang gut ist und welche Themen Sie interessant finden. Ob und wie Sie darauf antworten, bleibt Ihnen selbst überlassen. Sollten Sie sogar zu einem prominenten Kreis von Sowjetunionreisenden gehören, vielleicht mit kirchlichem oder friedenspolitischem Hintergrund, kann der Lokalreporter mit seinen Fragen Ihnen eine Stellungnahme entlocken, die nicht unbedingt zu den Friedensparolen der Sowjetunion im Widerspruch stehen muß und als politisches Gewicht mit in die Waagschale der Ost-West-Diskussion geworfen werden kann.

Umgekehrt passiert es allerdings, daß westliche Korrespondenten mit einem Sonderbericht in der Staatspresse bedacht werden. Das ist nun ganz und gar nicht als Auszeichnung zu verstehen. Denn in der Regel werden vor allem westliche Journalisten in solchen Artikeln der potentiellen Spionage verdächtigt, der Trunkenheit am Steuer, des Rowdytums oder des freizügigen Lebenswandels bezichtigt. Gemessen an solchen Attacken wird jedoch verhältnismäßig selten ein Korrespondent des Landes verwiesen.

Noch ein Wort zur gesamten Zeitungslandschaft, die in der Sowjetunion völlig anders strukturiert ist als in einem westlichen Land. Neben dem Parteiorgan *Prawda* und der Regierungszeitung *Iswestija* bestehen noch mehrere solcher Bereichszeitungen wie etwa die Armeezeitung *Krasnaja Swesda*, zu deutsch Roter Stern, die vom Verteidigungsministerium herausgegeben wird. Ferner die *Komsomolskaja Prawda*, Organ des Zentralkomitees des Komsomol, also der sozialistischen Jugendorganisation. Das Komitee für Körperkultur und Sport verantwortet die Tageszeitung *Sowjetskij Sport*. Darüber hinaus gibt es noch Blätter für die Gewerkschaften, die Landwirtschaft und so weiter. Alle übrigens als Tageszeitung und in der Thematik nicht nur auf den Bereich eines Ministeriums oder die Belange einer bestimmten Arbeiterschaft begrenzt.

Wie aus diesen spärlichen Angaben zu ersehen ist, sind alle Massenmedien in der Obhut staatlicher Kontrolle. Insofern braucht man die Blätter gar nicht daraufhin zu untersuchen, ob sie gar »regimekritische« Anspielungen enthalten. Staat und Partei werden substantiell nirgendwo angegriffen oder in Frage gestellt. Allerdings wird reichlich Kritik an wirtschaftlichen oder gesellschaftlichen Mißständen geübt. Mehr als unser Vorurteil über die Sowjetunion erwarten läßt.

Da wird beispielsweise ein Fabrikdirektor namentlich angegriffen, weil das von ihm verantwortete Unternehmen mit seinen Abfällen einen Fluß verschmutzt.

Bedrückend war die Geschichte eines sowjetischen Soldaten, der in Afghanistan schwer verwundet wurde. Nach seiner Rückkehr verlor er nicht nur Freunde und Job, sondern er wurde auch noch von der Gesellschaft gemieden und von den Behörden gegängelt. Oder der Brief eines Vaters, der in der Armeezeitung anbot, die restliche Wehrpflicht für seinen in Afghanistan gefallenen Sohn abzudienen.

Amüsant las sich dagegen das heillose Unterfangen, eine neue Schulkleidung für junge Mädchen in der Sowjetunion einzuführen. Man wollte das triste braune Kleid mit schwarzer Schürze (an Feiertagen eine weiße Schürze) durch eine schmucke Kombination in modischem Blau ersetzen. Der erste Versuch scheiterte an der mißratenen Produktion. Es waren Phantasiegrößen hergestellt und ausgeliefert worden, die weder mit Erwachsenen- noch mit Kindermaßen etwas zu tun hat-

Mädchen in Schulkleidung

ten. Ein Komitee beschied, daß zu einhundert Prozent Ausschuß produziert worden war. Der zweite Versuch scheiterte an der Verpackung. Jetzt stimmten generell die Kleidergrößen, aber man hatte Rock und Jacke verschiedener Größen miteinander kombiniert. So mußten die wütenden Eltern am Verkaufsstand auseinanderrupfen und zusammenfügen, was der Versand vorher nicht geschafft hatte.

Die Schulen verzichteten kurzerhand auf die rechtzeitige Einführung der neuen Kleidung.

Das Satireblatt *Krokodil* nimmt solche Mißstände im eigenen Land gern auf die Schippe. So schickte eine gewisse Frau Bylkow aus Belgorod ein Photo an *Krokodil*, das die dreijährige Tochter in einer Strumpfhose heimischer Produktion zeigte. Die Beinlänge stimmte zwar, dafür reichte aber der obere Teil bis unter die Achseln. Bissiger Kommentar der Mutter: Das enge Gummiband erschwert das Atmen, aber man ist bei uns ja bereits von Kindesbeinen an gewohnt, für die Mode Opfer zu bringen.

Im selben Satireblatt bedient man sich für die Kritik auch der Karikatur. Die Erziehung zum religionslosen Menschen durch regelmäßigen Unterricht in atheistischer Weltanschauung trägt nicht immer die besten Früchte. So sah man in einer *Krokodil*-Karikatur ein junges Mädchen inbrünstig betend vor einer Ikone, dem orthodoxen Heiligenbild. Der erstaunte Vater meint, seine lebensfrohe Tochter nicht mehr wiederzuerkennen. Da beschwichtigt ihn die Mutter mit den Worten: »Laß sie in Ruhe. Sie betet, damit sie die Prüfung in wissenschaftlichem Atheismus besteht.«

Ränge und Würden

Auf den ersten Blick scheint für Außenstehende das größte Problem der Sowjetunion die Einhaltung der richtigen Rangordnung zu sein. Protokoll ist alles. Ein Überbleibsel, das unter anderem aus zwei historischen Quellen gespeist wird: aus dem byzantinischen Kaisertum, das für die russischen Herrscher Vorbildcharakter hatte. Und aus der Zeit des heute noch hochgeschätzten Reformators Peter des Großen, der sein Volk mit einer 14stufigen Karriereleiter für Staatsangestellte beglückte.

Mit Argusaugen wird besonders von ausländischen Beobachtern verfolgt, welcher sowjetische Politiker wann in welcher Position und in welchem Abstand zum ranghöheren Würdenträger gesichtet wurde. Legionen von Korrespondenten und Diplomaten beschäftigen sich mit den Titelphotos der Zeitungen, die das Politbüro und die erweiterte Führungsspitze der Partei bei Ordensverleihungen, Revolutionsfeiern oder Maiparaden zeigen. Wer steht rechts und links vom Generalsekretär? Ist es der Mann, von dem wir künftig noch einen Aufstieg erwarten? Oder signalisiert seine veränderte Position möglicherweise das Ende einer politischen Karriere?

Nach wichtigen Reden wird nicht nur deren Inhalt analysiert. Es geht auch darum, in welchen Gebäuden gesprochen wurde, wie viele Spalten die Parteizeitung

dem Redner am nächsten Tag zur Berichterstattung einräumt, was wörtlich zitiert wird und welche Passagen
nur zusammenfassend referiert werden.

Hören und lesen Sie einmal aufmerksam Berichte aus
Moskau, und Ihnen wird auffallen, wie stark besonders
westliche Beobachter das Protokolldenken als Mittel
der politischen Analyse auf das herrschende System
zurückprojizieren.

Ein Kapitel für sich sind Nachrufe auf Verstorbene.
Sie wissen ja schon, daß es Todesanzeigen in unserem
Sinne nicht gibt. Nur ranghohe Personen werden mit
einem Nekrolog gewürdigt, der von Dutzenden wichtiger Persönlichkeiten unterzeichnet wird. Kommt die
Todesnachricht über Funk und Fernsehen – meist durch
stundenlange getragene Musik vorbereitet –, dann ist
das Spannendste natürlich der erste Satz. Bevor man
jedoch erfährt, wer eigentlich gestorben ist, werden erst
das genaue Todesdatum, alle Funktionen des Verstorbenen und ganz zum Schluß sein Name verlesen. Ein
klassisches Beispiel aus der *Prawda* vom 13. Dezember
1984:

»Die sowjetische Wissenschaft hat einen schweren
Verlust erlitten. Am 8. Dezember 1984 verstarb im
70. Lebensjahr der herausragende sowjetische Wissen-
schaftler, der bedeutende Organisator der Wissenschaft, Mitglied der Kommunistischen Partei der Sowjetunion, Mitglied des Präsidiums der Akademie der
Wissenschaften der UdSSR, Akademie-Sekretär der
Abteilung für allgemeine und technische Chemie der

*Oben: Korrespondenten verfolgen den Auftritt hoher Politiker im
Obersten Sowjet, dem Parlament.*
*Unten: Westliche Nobellimousinen als Zeichen internationaler
Anerkennung. Botschafterautos im Kreml.*

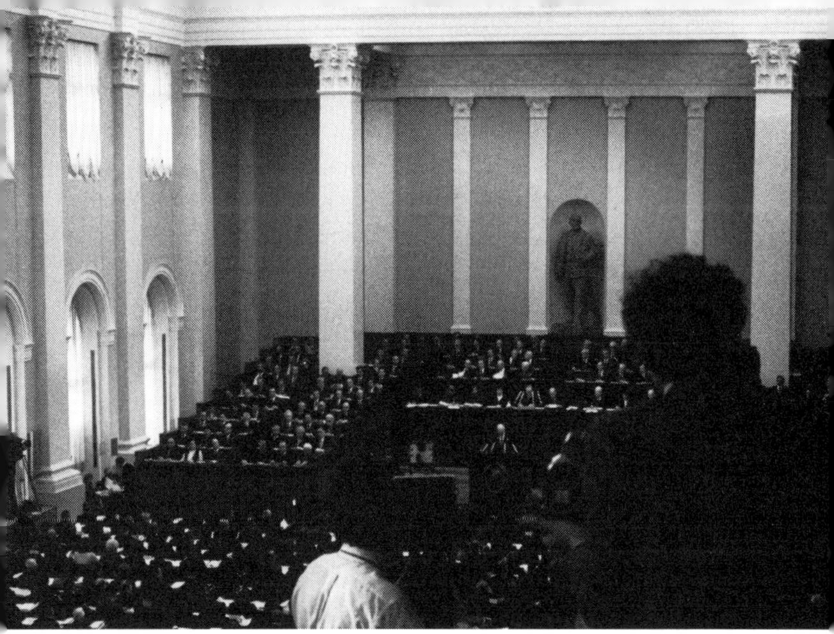

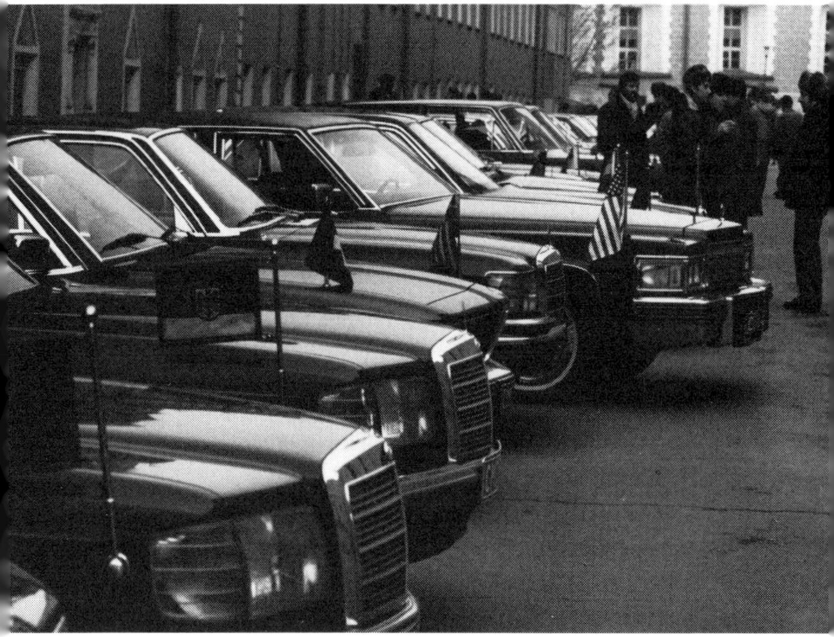

Akademie der Wissenschaften der UdSSR, Held der Sozialistischen Arbeit, Akademiemitglied Nikolaj Markowitsch Emanuel.«

Nun stellen Sie sich das Ganze von einem Fernsehsprecher verlesen vor; erst bei der Namensnennung wird das Bild des Verstorbenen eingeblendet.

Nach einem festen Protokoll folgen Lebenslauf und kurze Würdigung. Doch was viel wichtiger ist, sind die Namen der Unterzeichner solcher Nachrufe. Das kann mit dem Generalsekretär und dem gesamten Politbüro beginnen. Dann folgen rangniedrigere Würdenträger und Fachkollegen – und ab da wird es oft spannend. Denn aus dieser Reihenfolge wird gerne ersehen, wer welchen Platz einnimmt, ob zum Beispiel bei einem General mehr oder vorrangig Militärs oder zivile Politiker unterschreiben und in welcher Reihenfolge die Namen der oft zahlreichen Stellvertreter auftauchen. Bei Prominenten wie im Fall des verstorbenen Verteidigungsministers Ustinow können da bis zu 130 Namen stehen.

Die Sache wird recht verwirrend, wenn man bedenkt, daß etwa der Ministerpräsident allein drei Erste Stellvertreter und bis zu einem Dutzend gewöhnliche Stellvertreter haben kann. Ganz zu schweigen von der Zahl der Minister und der Komiteevorsitzenden. Auf diese Weise bringt es die sowjetische Zentralregierung auf weit über hundert Spitzenpolitiker im Ministerrang. Und das bereits ohne die Zahl der vielen Stellvertreter.

Daneben existiert eine feingegliederte Parteihierarchie, die oft aussagekräftiger ist als Regierungspositionen.

Aber auch im normalen Berufsleben ist man – dem deutschen sehr ähnlich – auf die Karriereleiter in aufsteigender Richtung fixiert. Erklären kann man diese Erscheinung mit dem sogenannten Natschalnik-Denken, das den Apparat und die Gesellschaft beherrscht. Natschalnik heißt zu deutsch nichts anderes als Vorgesetzter. Doch es beinhaltet mehr. Wo mehr als eine Arbeitskraft eingesetzt wird, muß es zwangsläufig einen Natschalnik geben, einen, der die Verantwortung trägt und nach außen das Kollektiv repräsentiert. Als Rangstufe ist dafür auch der Starschij vorgesehen, der Ältere, den es als *starschij inshener,* als *starschij referent* oder als *starschij kontroljor* gibt. Mehrere Starschiji können wiederum, ja müssen einen Natschalnik haben.

Dieses Denken wird auch auf ausländische Gäste übertragen. Jede Delegation muß natürlich von einem Delegationsleiter geführt werden. Jede repräsentative Gruppe braucht den Verantwortungsträger, jedes Büro eben seinen Natschalnik. Rotationsmodelle oder Gruppen gleichberechtigter Leiter sind in diesem Hierarchiedenken sicher schwer zu verwirklichen.

Sollten Sie Gelegenheit haben, Ihre berufliche Tätigkeit zu erläutern, dann kommt auch hier irgendwann die Frage nach Ihrer Position in der gültigen Rangordnung. Umgekehrt hören Sie sowjetische Gesprächspartner oft über ihren Natschalnik reden. Wenn Sie freiberuflich arbeiten, wird das unter Umständen bei vielen Gesprächspartnern Erstaunen hervorrufen. Die Tatsache, daß Sie als Handwerksmeister, Journalist oder Künstler keinen Vorgesetzten haben und einfach vom freien Verkauf Ihrer Arbeitsleistung leben, das scheint vielen schier unglaublich. Irgend jemand muß doch für Sie und Ihre Existenz zuständig sein. Die Schattenseiten einer solchen Versorgungseinstellung sind bekannt. Man schiebt im schlimmsten Fall die Verantwortung immer von sich weg, von oben nach unten und umgekehrt.

Nun sollen Sie sich an dieser Stelle nicht mit den Vor- und Nachteilen unterschiedlicher Gesellschaftsordnungen auseinandersetzen. Was hier so andersartig auf Sie wirkt, hat weniger mit der Revolution als mit der Landesgeschichte zu tun. Dazu zählt auch der sichtbare Hang zu Titeln, Ehrenzeichen, Orden und Medaillen. Aus vielen Büchern über die Sowjetunion kennen Sie sicher Photos mit ehrwürdigen Bürgern, die ihre Brust mit schmückendem Blech verziert haben. Gehen Sie bei Gelegenheit an einem hohen staatlichen Feiertag in einem Stadtpark spazieren, und Sie können erleben, mit wieviel Stolz Orden und Medaillen, manchmal auch in der verkleinerten Form bunter Stoffstreifchen am Revers, zur Schau getragen werden. Ein einschlägiges sowjetisches Handbuch nennt derzeit rund neunzig solcher Auszeichnungen, getrennt nach Kriegs- und Friedensverdiensten sowie einer Sonderabteilung für gebärfreudige Mütter. Natürlich macht sich auch hier wieder eine interne Ordenshierarchie bemerkbar. Allen voran steht der Leninorden, der für Verdienste um die revolutionäre Bewegung und die politische Leitlinie vergeben wird, nach der sich die Sowjetunion richtet. Mit diesem Leninorden werden zusätzliche Titel verliehen wie »Held der Sowjetunion« oder »Held der sozialistischen Arbeit«, oft sogar noch kombiniert mit der Medaille »Sichel und Hammer«. Auch der Orden der Oktoberrevolution, der Orden des Roten Arbeitsbanners und der Orden der Völkerfreundschaft gehören an die Spitze der Auszeichnungen. Wie Sie ja bereits erfahren haben, können nicht nur Personen, sondern auch Fabriken, Zeitungen, Städte und Republiken mit einem dieser Orden dekoriert werden.

Besonders reichhaltig ist das Reservoir an Auszeichnungen für Soldaten. Der für die Sowjetunion sehr bittere Zweite Weltkrieg war Anlaß für eine Reihe von Neustiftungen. Als ein runder Jahrestag zum Kriegsende begangen wurde, stand in einem amtlichen Mitteilungsblatt zu lesen: »Es wird angeordnet, daß die Helden der Sowjetunion und Personen, die mit dem Ruhmesorden ausgezeichnet wurden, von der Bezahlung aller Arten von Steuern befreit werden.«

Für die Verleihung der Orden bestehen genaue Vorschriften. So wird der erwähnte Ruhmesorden Erster Stufe demjenigen verliehen, der zwei Panzer im Gefecht erledigt oder mit Artilleriefeuer mindestens drei Flugzeuge abgeschossen hat; wer seine Regimentsfahne in einer gefährlichen Situation vor dem Zugriff des Feindes retten konnte oder im brennenden Panzer noch weiterkämpfte. Die Liste der Beweggründe ließe sich noch lange fortsetzen.

Zu welcher Ordensansammlung man es als verdienter Sowjetbürger bringen kann, zeigen die schon beschriebenen Nachrufe. Bei dem verstorbenen Verteidigungsminister Ustinow las sich das so: »Er bekam den Titel ›Held der Sowjetunion‹ und zweimal den Titel ›Held der sozialistischen Arbeit‹ verliehen, ihm wurden elf Leninorden, der Suworow-Orden Erster Klasse, der Kutusow-Orden Erster Klasse, Medaillen der Sowjetunion und auch hohe Auszeichnungen zahlreicher Staaten verliehen. Er war Lenin- und Staatspreisträger der UdSSR.«

Doch was ist nun der Vorteil solcher Auszeichnungen, außer gesellschaftlichem Ansehen? So etwas läßt sich für Außenstehende nie genau erfassen. Doch wer ordensgeschmückt auftaucht, wird kaum in einer langen Schlange warten müssen. Er bekommt seine Wohnung von der zuständigen Behörde vielleicht etwas schneller vermittelt als üblich. Er darf sogar Sonderurlaub in reservierten Ferienheimen verbringen. Gezielte Geldprämien aber – bis auf einige Besserstellungen bei der

Rente – sind in der Regel mit einem Orden nicht verbunden.

Über einen Sonderurlaub würden sich wahrscheinlich am meisten die geehrten Mütter freuen. Sie erhalten ihre Ehrenzeichen ab dem fünften Kind, bis sie schließlich mit zehn Kindern zur Mutter-Heldin ernannt werden. Im Gegensatz zu den vielen anderen Orden gibt es für die verdienten Mütter jedoch nicht noch zusätzlich die kleinen Lentotschki, die bunten Stoffstreifen, die anstelle des Metalls am Ausgehanzug getragen werden. Vielleicht dachten sich die Ordensverleiher, daß Mütter mit so vielen Kindern ohnehin auf gesellschaftliche Auftritte verzichten müssen.

Die jeweilige Jahresbilanz an Mutter-Heldin-Orden ist zugleich eine Art bevölkerungspolitische Bestandsaufnahme. In den zentralasiatischen Republiken ist man besonders geburtenfreudig. Dort wurde der Orden für zehn und mehr Kinder innerhalb eines Jahres an 850 Mütter vergeben. Im gleichen Zeitraum wurde der Mutter-Heldin-Orden in den baltischen Republiken nur ganze dreimal vergeben. Aber auch die Russische Föderative Sowjetrepublik, die mit 137 Millionen Einwohnern allein 52 Prozent der Gesamtbevölkerung stellt, hat nur knapp 150 solcher Ordensverleihungen aufzuweisen. Fazit mit großer Bedeutung für die Zukunft: Der asiatische Bevölkerungsteil in der Sowjetunion nimmt rapide zu, während der europäische Teil der Sowjetunion unter Kindermangel leidet. Das hat Folgen für das ganze Land, wenn man einmal an die Besetzung wichtiger Posten in der Partei, im Militär, im Management und in der Wirtschaft denkt.

Doch mit der Ordensvielfalt sollen natürlich auch berufliche Leistungen oder der Einsatz an Großprojekten gebührend gewürdigt werden. So wurde für Arbeiter an der Baikal-Amur-Magistrale eine eigene Medaille geprägt. Diese neue Eisenbahnstrecke, die nördlich zur Transsibirischen Eisenbahn verläuft, wird wirtschaftlich von großer Bedeutung für das Land sein und kann eines Tages vielleicht noch zur Touristenattraktion werden. Ähnliche Medaillen ehren auch die Besten in der Landwirtschaft, in der Metallindustrie, bei der Kohle- und Erdölförderung.

Wer es in dieser auszeichnungsfreudigen Gesellschaft weder zu einem Orden noch zu einer Medaille gebracht hat, dem bleibt immer noch die Hoffnung auf eine Ehrenbezeichnung. Mehr als 130 gängige Benennungen lassen sich ausfindig machen. Darunter findet sich der Titel eines »Verdienten Medikamentenmischers«. Als eifriger Bürger kann man in den Rang eines »Verdienten Bewahrers der öffentlichen Ordnung« erhoben werden. Auch der »Verdiente Winzer«, der »Verdiente Propagandist«, der »Verdiente Umweltschützer« sind in diesem sozialistischen Adel vertreten. Wer seine Kassenabrechnungen nicht systematisch fälscht, hat gute Chancen auf die Ehrenbezeichnung eines »Verdienten Buchhalters«.

Viele dieser Titel sind regional bedingt. In Aserbeidschan, einer südlichen Republik, kann jemand als »Meister des Tabaks« gewürdigt werden. Etwas weiter östlich, in der zentralasiatischen Republik Usbekistan hingegen kommt der »Meister der Baumwolle« zu Ehren. Als Anregung für mehr Einsatz in der Landwirtschaft schuf die Ordens- und Auszeichnungsabteilung im Kreml landesweit noch den »Verdienten Bodenverbesserer«. Wenn Sie bis hierher gelesen haben, werden Sie verstehen, daß unter den »internationalen Kreisen« der sowjetischen Gesellschaft, also bei Leuten, die viel mit ausländischen Gästen zu tun haben, ein Kult liebevoll gepflegt wird: nämlich der Austausch von Visitenkarten. Neben dem sichtbaren Nutzen, den Namen seines Gesprächspartners bei einem Cocktail nicht gleich wieder zu vergessen, erfährt man auch eine ganze Menge über dessen Funktion und somit über seine gesellschaftliche Stellung. Sollte Ihnen nun jemand bei einer Zufallsbekanntschaft während Ihres Aufenthalts in der Sowjetunion seine Karte überreichen, dann wehren Sie nicht angstvoll ab, nur weil Sie glauben, die kyrillischen Buchstaben nicht entziffern zu können. Drehen Sie das Blatt im wahrsten Sinne des Wortes um, und Sie werden eine Vielseitigkeit erleben, die bei uns ungewohnt ist. Denn die Rückseiten solcher Visitenkarten sind oft in englisch, französisch oder deutsch bedruckt, so daß Sie neben einem seltenen Souvenir noch eine lesbare Adresse mit nach Hause nehmen können.

Hier ist ein Wort für ängstliche Gemüter einzuschieben.

Selbst wenn Sie mit hartnäckigen Vertretern der geltenden sowjetischen Staats- und Gesellschaftsideologie zusammenkommen sollten, es wird wohl keiner versuchen, Sie zu »bekehren«. Allerdings muß man sich gelegentlich auf recht harte Diskussionen mit zuweilen scharfer Kritik an der westlichen Welt gefaßt machen. Doch das erfolgt meist erst nach einem längeren und eher zurückhaltenden Meinungsaustausch.

Die Intourist-Führerinnen, mit denen Sie es bei Ihren touristischen Exkursionen zu tun haben, beschränken ihre ideologische Aufbauarbeit in der Regel auf allgemeine Friedensappelle.

Nun noch einmal zurück zur beruflichen Karriereleiter. Es passiert durchaus, daß Sie eine Fabrik besuchen, und Ihnen wird ein Herr mit dem Titel »Genosse Direktor« vorgestellt. Wenige Atemzüge später korrigiert der

Genannte, er sei sogar »Generaldirektor«. Menschliche Eitelkeit ist eben universal.

Regional bedingt ist dagegen eine andere Eitelkeit, die ganz die äußere Erscheinung betrifft: die Schapka, der Pelzhut, der im Winter sowjetische Köpfe ziert. Sobald der erste Frost ausbricht, werden in kälteren Gebieten Filz und Wolle gegen Felle eingetauscht, die auf das kunstvollste zu Rund- und Spitzhüten verarbeitet sind. Kenner wissen auf den ersten Blick zu unterscheiden, wer Imitation, wer teuren Fuchs oder Bisam trägt. Und man trägt alles mit einem gewissen Stolz, mit erhobenem Haupt – sonst würde der Hut rutschen. Denn unsinnigerweise bedeckt die Schapka zwar den Oberteil des Kopfes, ist aber nirgendwo festgeschnürt und wärmt auch keinesfalls die Ohren. Vorhandene Ohrenklappen werden wohl aus Gründen der Eitelkeit nicht benutzt. So sieht man im Winter eine Schönheitsparade teurer und wärmender Felle, unter denen rotgefrorene Ohren hervorleuchten. Selbst die Milizionäre im Straßendienst stehen so baren Unterkopfes stundenlang auf der Kreuzung und winken den Verkehr vorbei. Andere Kopfbedeckungen demonstrieren noch viel augenscheinlicher gesellschaftliche Ränge. Das kleine Schiffchen gehört dem gemeinen Soldaten. Die Schirmmütze bedeckt militärische oder polizeiliche Häupter. Dazwischen tauchen noch hochformatige Mützen aus grauem Fell, angeblich Karakul, auf, die nach oben auseinanderlaufen und quer auf den Kopf gestellt sind, sogenannte Obristenmützen, die nur im Winter getragen werden. Darunter folgt die jeweilige Uniform. Die Sowjetunion gehört zu jenen Ländern der Welt, in denen die Uniform fester Bestandteil des täglichen Straßenbilds ist. Das fängt schon mit der Jugend an. Pioniere tragen zum weißen Hemd ein rotes Tuch. Die Schulkleidung schreibt für Mädchen braunes Kleid mit schwarzer Schürze vor, an Feiertagen weiße Schürze und großformatige Haarschleifen. Die Burschen tragen dunkelblaue Anzüge. Komsomolzen – sie bilden die Parteijugend nach den Pionieren – weisen sich lediglich durch ein Ansteckabzeichen aus.

Besonders angesehen sind Bürger, die die metallische Nachbildung einer wehenden Fahne am Revers tragen. Sie sind Mitglied im Obersten Sowjet, dem Parlament. Wer keine solche offizielle Anstecknadel vorweisen kann, weicht auf eine Vielzahl von Ersatzgebilden aus, die in Kaufhäusern angeboten werden und Snatschki heißen. Zu allen denkbaren Festtagen und für jeden Anlaß von gesellschaftlicher Bedeutung werden Ansteckmadeln auf den Markt gebracht, leidenschaftlich gesammelt und immer noch gerne mit Touristen gegen ein ausländisches Souvenir getauscht. Für den Sowjetunionreisenden sind solche Snatschki, vom Leninkopf bis zur Friedenstaube, wenigstens recht platzsparende Erinnerungen.

Natürlich hat jede Rangebene, von denen hier soviel die Rede ist, noch ihre eigenen Ausweisdokumente. Sie heißen im Russischen *biljet*. So gibt es unter anderem das Komsomolzen*biljet*, das Gewerkschafts*biljet* und als recht wichtiges Dokument das *partbiljet*, den Parteiausweis.

Nebenbei gesagt wird in einem anderen Dokument, dem Paß (es gibt verschiedene Arten von Pässen für das Inland und für Auslandsreisen), auch die jeweilige Nationalität der Sowjetbürger eingetragen. Dort kann beispielsweise stehen: Nationalität: deutsch, Staatsbürgerschaft: sowjetisch. In der Sowjetunion gilt Jüdisch ebenfalls als eigene Nationalität und wird aus diesem Grund im Paß vermerkt. Außerdem kann man diesem

Dokument entnehmen, ob jemand verheiratet ist und – im Zweifelsfall – wie oft er geschieden wurde. Diese Eintragung haben sich einige Single-Clubs zunutze gemacht, die vor Betreten des Kontaktcafés die Pässe prüfen lassen. Doch bald machten Betrügereien die Runde. Geschiedene Ehemänner »vergaßen« den Eintrag ihrer neuen Heirat, um sich in solchen Treffpunkten für einsame Herzen gnadenlos an die Damenwelt heranzumachen.

Ungewöhnlich in den Augen des Fremden ist die Sitte des Heiratsbüchleins, das den Brautleuten mit dem Aufgebot ausgehändigt wird. Darin steht nicht nur der Hochzeitstermin. Vielmehr ist das Büchlein ein Freibrief für den Erwerb begehrter Artikel. In bestimmten Geschäften kann man gegen Vorlage des Heiratsheftchens erstehen, was auf 16 romantisch illustrierten Seiten festgelegt ist. Dazu zählen natürlich das Brautkleid, Damenschuhe, Bettwäsche, ein Herrenanzug, ein Herrenoberhemd, Herrenhalbschuhe und die Hochzeitsringe. Ausgewählte Friseure und Schneiderläden stehen bereit, das Brautpaar für den wichtigen Termin herauszuputzen. Ein Lebensmittelgeschäft sorgt gegen Vorlage des Hochzeitsbüchleins für das leibliche Wohl. Die Firma, die als Organisator der ganzen Sache auftritt, trägt in der sowjetischen Hauptstadt den poetisch-passenden Namen »Frühling«. Außerdem erhalten die Brautleute ein Beiblatt, dem sie entnehmen, daß sie eine »Tschajka«, also eine recht üppige Limousine, für umgerechnet etwa dreißig Mark pro Stunde mieten können. Damit wird nicht nur die Fahrt zum Standesamt, sondern auch zu einem Kriegerdenkmal gemacht, an dem traditionell der Brautstrauß niedergelegt wird.

Neben Orden, Medaillen, Abzeichen und Ausweisen spielen Photos eine erstaunliche Rolle im Ranggefüge der Sowjetgesellschaft. Hier geht es nicht um die Bilder der ganz großen Politiker, sondern um die des durchschnittlichen Arbeiters. Das heißt, er muß schon etwas über dem Durchschnitt geleistet haben, um in die Ehrentafel *Unserer Besten* aufgenommen zu werden. Das sind Bildwände, die man in Fabrikhallen findet. Strahlende Gesichter der Schichtschnellsten, der vorfristigen Planerfüller, der neuen Schrittmacher bei der Vervollkommnung des entwickelten Sozialismus. Solche Helden spielen auch eine wichtige Rolle im politischen Leben. Sie werden oft als Auszeichnung für ihren hervorragenden Einsatz als Abgeordnete in den Obersten Sowjet delegiert oder mit einer beispielgebenden Fernsehreportage gewürdigt. Ihre Bezeichnung stammt immer noch von einer legendären Figur, von Aleksej Stachanow, der in einer Arbeitsschicht während der Nacht vom 30. auf den 31. August 1935 im Alleingang die sagenhafte Menge von 102 Tonnen Kohle abgebaut hat. Seine Nacheiferer nennen sich »Stachanowzy«.

Schließlich wird Ihnen noch auffallen, daß während Ihrer Reise durch die Sowjetunion immer wieder von »Heldenstädten« gesprochen wird, zu russisch *gorodgeroj*. Mit diesem Ehrentitel wurden einzelne Städte ausgezeichnet, die sich im Krieg tapfer gegen den Feind gewehrt und dabei schlimme Leiden durchgemacht haben. Am deutlichsten wird das Ihnen vielleicht am Beispiel von Leningrad. Dessen auszehrende Belagerung ist Gegenstand anschaulicher Dokumentationen in den örtlichen Museen.

Oben: Pioniere auf Wache vor einem Denkmal für die Opfer des Großen Vaterländischen Krieges
Unten: Protokollarisches Zeremoniell bis zuletzt: die Aufbahrung des verstorbenen Parteichefs Tschernenko

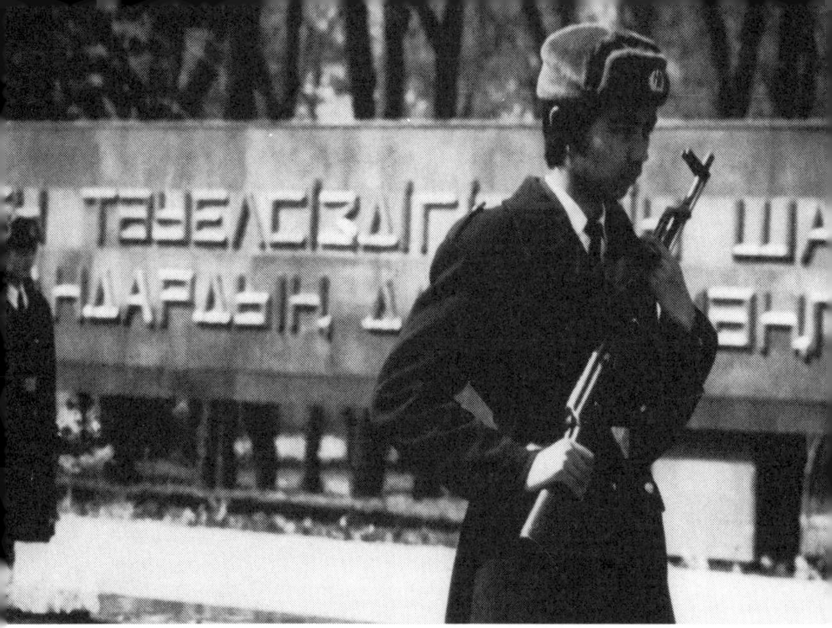

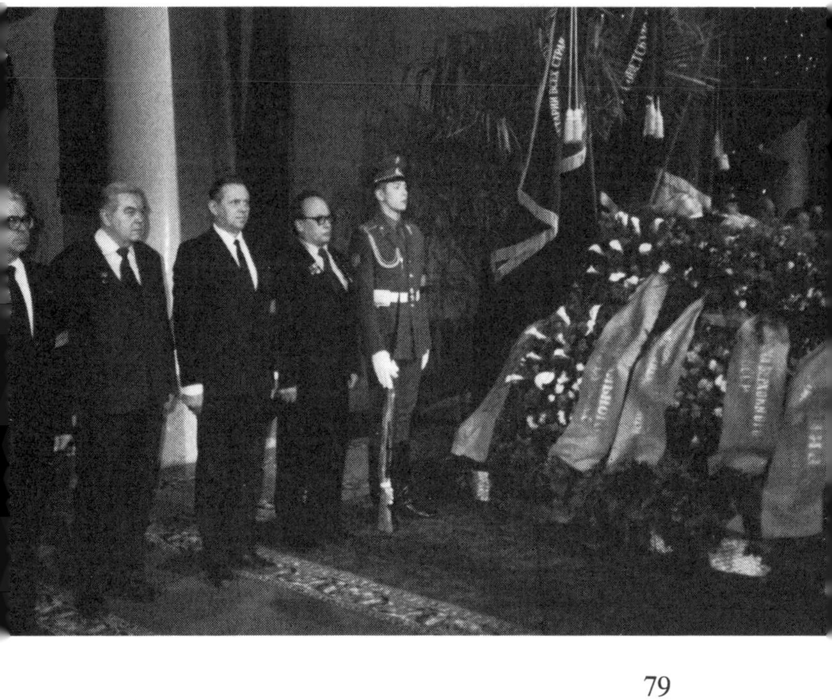

Erde aus diesen sowjetischen Heldenstädten ist an viele Plätze im Land gebracht worden, wo sie in steinernen Sarkophagen bei den Kriegerdenkmälern für die Opfer des Großen Vaterländischen Krieges aufbewahrt wird. Dort haben Sie auch Gelegenheit, die enge Verbundenheit der untersten Rangordnung der jungen Sowjetbürger mit der jüngsten Geschichte ihrer Heimat zu beobachten. In vielen sowjetischen Städten halten Pioniere Ehrenwache an diesen Denkmälern, mit Holzgewehren oder echten Maschinenpistolen ausgerüstet, die sie soldatisch präsentieren, wenn alle 15 Minuten ihre Mitschüler zur Wachablösung kommen.

Zahlenspiele

Wenn Sie zum erstenmal die Sowjetunion bereisen und sich wißbegierig alles notieren, was die Intourist-Damen erzählen, dann werden Sie zu Hause beim Durchblättern des Notizblockes eine Überraschung erleben. Er dürfte übersät sein mit Zahlen.

Kaum sitzen Sie im Transferbus vom Flughafen zum Hotel, da erfahren Sie auch schon, wieviel Kilometer es bis zur Stadt sind, wieviel Minuten der Bus braucht, um die Strecke zurückzulegen, wieviel Betten Ihr Hotel hat, in welchem Jahr es für welchen Preis gebaut wurde und wieviel Gäste darin jährlich übernachten. Da wird mit Zehnern, Hundertern, Tausendern, ja mit Millionen jongliert. Das erinnert an die nun schon jahrzehntealte Reklame in Illustrierten, die für ein Gedächtnistraining wirbt: Zwei Freunde treffen sich nach langer Zeit wieder. Der eine läßt den anderen Zahlenkolonnen aufschreiben, die er binnen Sekunden auswendig wiedergeben kann. Vorwärts, rückwärts, sortiert nach auf- und absteigenden Zahlenmengen. Irgendeine Leistungsabsicht muß auch hinter dem sowjetischen Zahlenfetischismus stecken.

Es mag noch angehen, daß in einem Artikel der Parteizeitung *Prawda* über die »Marschroute des technischen Fortschritts« 45 Zahlen genannt werden. Bei landwirtschaftlichen Themen muß verständlicherweise viel von Hektarerträgen, Tonnen, Zuwachsgrößen und anderen Orientierungsdaten die Rede sein. Man wird hinnehmen, daß der Bericht des Planungschefs über die Wirtschaftslage und der Vortrag des Finanzministers über Geld zweimal im Jahr bei den Tagungen des Obersten Sowjets reine Zahlengewitter sind. Doch auch der gesamte Alltag ist durchnumeriert und beziffert. So firmieren Unternehmen und Geschäfte einfach unter Zahlen, manchmal mit einem Namen kombiniert wie das Dienstleistungsunternehmen Morgenröte Nr. 2. Auch die Lebensmittelgeschäfte, in russisch Gastronom, werden schlicht als Nr. 1, 2, 3, und so weiter, geführt. Man gewöhnt sich schon an die Poliklinik Nr. 8, an den Kindergarten Nr. 12, an die Technische Oberschule Nr. 23. In jedem Stadtbezirk, in jedem kleinen Ort und auf dem Land wird durchnumeriert, was der Verwaltungsbürokratie und ihrer Ziffernwut in die Hände fällt. Selbst Nahrungsmittel sind in die Güteklassen eins bis fünf eingeteilt. Und auf jeder Zigarettenschachtel muß aufgedruckt stehen, um welche Klasse oder Sorte es sich handelt. Kenner wissen genau zu unterscheiden zwischen den Marken »Nowosti« der fünften Klasse und den »Papirossy Kasbek« der Klasse drei. Dagegen spielt die Zahlenhierarchie bei Dienstleistungen und medizinischer Versorgung keine entscheidende Rolle. Ob Poliklinik Nr. 8 oder Poliklinik Nr. 4, ist nicht von Belang. Dahinter verbergen sich nur indirekte Angaben über deren Lage in einer Stadt.

Doch eine »Eins« hat alte Tradition und ihr Ansehen über revolutionäre Wellen hinweg bewahrt. Das ist der Moskauer Gastronom Nr. 1, ehemals von einem Besit-

Oben: Nationalitäten- und Geschlechterproporz soll streng eingehalten werden. Schulklasse in Mittelasien
Unten: Blick ins sowjetische Parlament

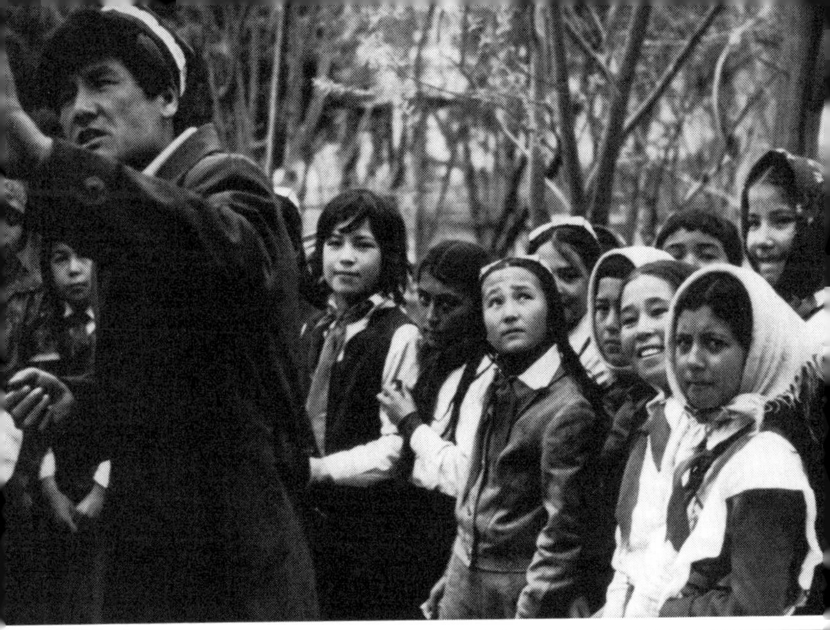

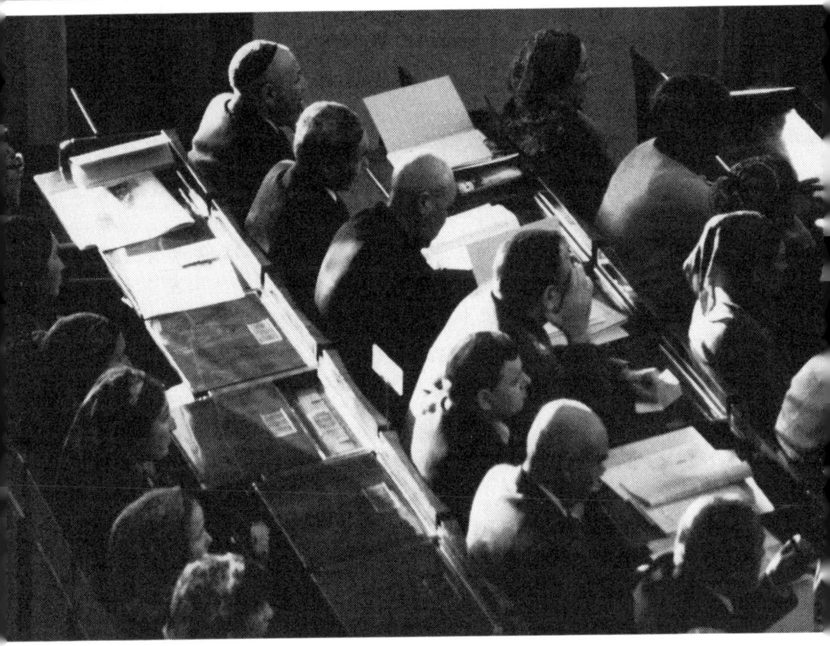

zer namens Jelissejew geführt. Dieses Feinkostgeschäft gilt heute wie damals in Moskau als erstes Haus am Platz im doppelten Sinn. Es liegt nicht weit vom Kreml entfernt in der Gorkistraße, und man kann dort Köstlichkeiten erstehen, die sonst selten oder gar nicht aufzutreiben sind. Schon der äußere Rahmen verrät Stil: Marmor, Mosaiken, Goldbronze, Kronleuchter – Etikette der gehobenen Bourgeoisie sind hier noch in Kraft und verleihen dem Geschäft etwas Museales. Insofern ist dieser Gastronom Nr. 1 auch den Intourist-Führerinnen zumindest eine kurze Erwähnung wert. Lassen Sie sich also nicht durch eine weitere langweilige Zahl abschrecken, wenn Ihnen eine Besichtigung des Gastronom Nr. 1 in Moskau empfohlen wird.

Wer sich beruflich mit den Belangen der Sowjetunion auseinanderzusetzen hat, wird bei Reisen durch das Land einmal mehr Opfer des Zahlenspiels. Wichtigste Kennziffer ist bei jedem Einführungskurs in die Struktur einer Republik, eines Kreises oder einer Stadt die nationale Zusammensetzung der Bevölkerung. Da erfährt man, wieviel Prozent der Stammbewohner erhalten sind und wieviel Prozent Russen in den nichtrussischen Republiken leben. Ursache dieses Rechenschaftsberichts ist mit ein Vorwurf, der besonders aus dem Westen kam. Nämlich der Argwohn, die Russen als größte Nation hätten sich das Land gewissermaßen angeeignet, russifiziert. Diesem Eindruck will die offizielle Selbstdarstellung entgegentreten, und deshalb legt man größten Wert auf sogenannte überprüfbare, objektive Zahlen. Weiter geht es dann mit Angaben über Bildungsstand, Produktivität, Geburtenraten. Wichtig ist auch immer der Anteil von Frauen im öffentlichen Leben. Sie erfahren, wieviel Einwohner auf einen Arzt entfallen, aber auch, daß in Großstädten oftmals die Hälfte aller Ehen geschieden werden. Auf die Frage nach dem Verdienst werden stets zwei Varianten angeboten. Der staatlich ermittelte Durchschnittslohn von knapp 190 Rubeln und der tatsächliche Lohn in besuchten Betrieben und Kolchosen, der angeblich immer weit höher liegt. Doch die Niedriglöhne wie zum Beispiel 80 Rubel für einen ungelernten Arbeiter oder 150 Rubel für einen Arzt bleiben in der Regel unerwähnt.

Es ist, so der Anschein, kein Tatbestand des gesellschaftlichen Lebens von dem Datenwust ausgenommen. Diese Präsentation richtet sich aber nicht nur an Ausländer, sondern vor allem die eigene Bevölkerung wird damit überschüttet. Vieles klingt dabei imposant, bleibt aber für den Laien abstrakt. Das beliebteste Spiel besteht darin, Errungenschaften auf dem Sektor von Mangelwaren, Wohnraum oder Konsumgüter, in stetig größeren Steigerungsraten zu beziffern. Prozentual wird also alles ständig besser. Dennoch hört man weiterhin dieselben Klagen der Bevölkerung. Es ist von neuen Milliarden Rubelinvestitionen im Wohnungsbau die Rede. Gleichzeitig gibt es eine konstante Ziffer, wieviel Menschen noch immer nicht in eigenen vier Wänden (einer Mietwohnung) leben, sondern sich Küche, Bad und Toilette in sogenannten Gemeinschaftswohnungen mit anderen Familien teilen müssen. Natürlich wird viel gebaut, aber es gibt auch viel Zuzug in die großen Städte. So werden bestimmte Bedürfnisse nur umgeschichtet, auf absehbare Zeit aber wohl nicht befriedigt.

Der Zahlengigantismus hat auch eine Kehrseite. Werden dauernd riesige Produktionsziffern genannt, dann schlägt das Pendel gelegentlich zur anderen, negativen Seite aus, wenn nämlich eine Produktion versaut worden ist. Anschaulichstes Beispiel sind Parteitreffen, auf denen schmutzige Wäsche gewaschen wird. Man spricht Fraktur, wenngleich nicht alle Einzelheiten davon an die Öffentlichkeit geraten. Immerhin hatte der inzwischen verstorbene Parteichef Andropow seinerzeit das gigantische Zahlenspiel konterkariert, als er vor dem Plenum des Zentralkomitees rügte, daß Hunderttausende von Fernsehern, Radios, Photoapparaten, Kühlschränken und Millionen von Uhren nur für den Abfall produziert worden waren. Sie fanden einfach keine Abnehmer auf dem heimischen Markt, geschweige denn auf ausländischen Exportmärkten.

Zahlen sind Rechtfertigung. Sie dienen als Argument im internationalen Wettbewerb. Zahlen sind für die Sowjetunion offiziell, unwiderlegbar, objektiv. Hohe Zahlen bedeuten für den einfachen Propagandisten Ausdruck der Stärke. In welchem Ausmaß der Analphabetismus bekämpft wurde, wieviele Medaillen bei Olympischen Spielen an die Sowjetmannschaft gingen, welche Studentenmassen die Hochschulen des Landes besuchen, aber auch, wie viele Traktoren hergestellt und wieviel Straßenkilometer in welchem Zeitraum gebaut wurden – all das dient der Propaganda, egal wie der Nutzeffekt hinter dem gigantischen Zahlenberg wirklich ausfällt. Wenn also beklagt wird, zu Erntebeginn sei fast ein Viertel der landwirtschaftlichen Maschinen nicht einsatzbereit, weil es an der notwendigen Wartung und an Ersatzteilen mangele, was nutzt dann die stolze Statistik über die Herstellung von Mähdreschern?

Schwierig kann es werden, wenn man bereits veröffentlichte Angaben einfach nur bestätigt haben möchte. Offizielle Stellen, das heißt, Behörden, Ministerien, können sich in den seltensten Fällen dazu durchringen, per Telephon eine Auskunft zu erteilen. Die zuständigen Beamten argwöhnen wohl bei ausländischen Anfragern regelmäßig Spionage im Verzug, wie in der Ausländerverordnung angedeutet. Ein Beispiel aus der Praxis: Der westdeutsche Vertreter eines sowjetischen Automodells, das bei uns unter dem Namen »Lada« vertrieben wird, teilte auf Anfrage mit, ein Betrieb der sowjetischen Wagen mit bleifreiem Benzin sei kein Problem, da in den großen Städten der Sowjetunion ohnehin nur bleifrei getankt würde. Nun die übliche Recherchenfrage: Wie sieht das wirklich aus? Natürlich wird nicht nur bleifreies Benzin vertrieben. Das verraten schon die stinkigen Abgaswolken der meisten Autos. Doch wie hoch ist der Bleigehalt im sowjetischen Benzin wirklich? Eine Anfrage bei der größten Motorzeitschrift des Landes brachte eine Staatsaktion ins Rollen. Nein, da müsse man warten, bis der Chefredakteur zur Auskunft bereitstehe. Der wiederum ließ vermelden, er sei nicht befugt, in dieser Sache zu sprechen. Man möge bitte ein Fachministerium konsultieren. Dort wurde lakonisch erklärt: Solche Anfragen könnten nur schriftlich entgegengenommen werden. Inzwischen fand sich jedoch bei einem Moskauer Mechaniker ein sowjetisches Fachbuch mit den Angaben über den zulässigen Bleigehalt im Autobenzin. Und der war doppelt so hoch wie in der Bundesrepublik. Das schließt den Verkauf von bleifreiem Benzin zwar nicht aus, schränkt aber seine Wahrscheinlichkeit erheblich ein und widerlegt den Firmenvertreter des sowjetischen Automobilherstellers. So kompliziert in der Erforschung und so einfach im Resultat können die Zahlenspiele werden.

Ganz besonders wichtig ist im Zusammenhang mit Zahlen der Begriff »vorfristig«. Dabei geht es um die Planerfüllung, die nur dann lobenswert scheint, wenn sie eben vorfristig erfolgt. Fachleute haben anhand solcher vorfristigen Ergebnisse schon manche Rechnung aufgemacht, die zeigen soll, daß die vorgegebenen Planziffern im laufenden Zeitraum nach unten korrigiert wurden. Damit hatte im Endeffekt alles seine Ordnung, denn heruntergesetzte Planziffern lassen sich schneller zu hundert Prozent erfüllen.

Gelegentlich kommt auch ans Tageslicht, daß die für eine Produktion Verantwortlichen nicht mit offenen Karten spielen. Sie verstecken sich hinter geschönten Ziffern. So etwas sieht die Partei gar nicht gerne, und sie ahndet solche Verstöße mit schmerzlichen Strafaktionen. Schon mancher Direktor hat sich nach organisatorischem Pfusch und Geschiebe als einfacher Arbeiter an der Drehbank wiedergefunden.

An einigen wichtigen Zahlen können Sie als Tourist nicht vorbeigehen. Denn auf absehbare Zeit kann keine Gelegenheit ausgelassen werden, ohne daß man Sie mit den in Zahlen ausgedrückten Leiden der Sowjetunion im Zweiten Weltkrieg konfrontiert. Bei diesen Angaben wird Ihnen jede schmunzelnde Bemerkung vergehen. Da sind die zwanzig Millionen Toten, die Milliarden von Kriegskosten, die dem eigenen wirtschaftlichen Aufbau entzogen wurden. Da sind Hunderttausende von Zerstörungen, unter denen die Sowjetunion bis heute leidet und für die sie immer noch finanzielle Opfer bringen muß. Sollten Sie die eindrucksvollen Schlösser bei Leningrad besuchen und erfahren, wieviel Geld in den Wiederaufbau dieser barbarisch zerstörten historischen Denkmäler gesteckt wird, und auf der anderen Seite Klagen über Konsummängel hören, dann werden Sie sich wahrscheinlich Ihr eigenes Bild machen von den

Mit ernster Miene erläutern der Generaldirektor und sein Chefingenieur die Erfolgsziffern ihres Betriebes.

widersprüchlichen Forderungen, unter denen die sowjetische Wirtschaft jahrzehntelang gelitten hat: Wiederaufbau und/oder Konsum. Daher auch der Stolz auf jede Erfolg signalisierende Ziffer. Das hat zwar sehr viel mit der Mentalität der sozialistischen Gesellschaftsordnung zu tun, ebenso aber mit dem Stolz eines Volkes, das sich im Krieg nicht hat unterjochen lassen. Offiziell wird das eine mit dem anderen begründet.

An dieser Stelle ist noch eine Zusatzbemerkung notwendig. Sie werden viele Kriegerdenkmäler sehen und darauf immer die Jahreszahlen 1941–1945. Der Zweite Weltkrieg wurde ja erst im dritten Kriegsjahr mit dem deutschen Überfall in die Sowjetunion getragen. Und dieser Zeitraum von 1941 bis 1945 heißt dort heute der Große Vaterländische Krieg.

Zum Abschluß der Zahlenspiele sollen Sie sich aber mit einigen praktischen Zahleneinheiten vertraut machen, die anders sind als bei uns. Als Meßeinheit für Filme genauso wie für Papier hat die Sowjetunion den »Allgemeinen Staatsstandard« entwickelt, in der russischen Abkürzung GOST. Der Empfindlichkeitsgrad auf einem sowjetischen Film ist also nicht in DIN oder ASA angegeben, obwohl beides dem Fachverkäufer durch die vielen Filme aus der DDR-Produktion vertraut sein muß. Zeigen Sie einfach Ihr Schächtelchen oder Ihre alte Filmkassette, und man wird Ihnen schon das Richtige raussuchen. Besser jedoch, Sie decken sich schon zu Hause ausreichend mit Material ein.

Vielleicht haben Sie Bekannte in der Sowjetunion, denen Sie gerne etwas mitbringen wollen. Einen Rock, ein paar Schuhe, eben Konfektionswaren. Achtung! Die sowjetischen Kleidergrößen für Damen wie auch die Schuhgrößen stimmen mit unseren nicht überein. Unsere internationalen Marktverflechtungen bringen es mit sich, daß in einer einfachen Unterhose bereits der Konfektionsstandard von mindestens vier Ländern angegeben ist. In der Sowjetunion klingt zumindest bei den Damen alles etwas größer. Frauen, die in der Bundesrepublik etwa die Größe 40 tragen, müssen sich in einem sowjetischen Warenhaus unter der Konfektionsgröße 46 umschauen. Die kleinste Damengröße beginnt übrigens in der Sowjetunion bei 44, was in der Bundesrepublik Größe 38 wäre. Bei den Schuhen ist es wieder umgekehrt. Da liegen die deutschen Angaben höher als die sowjetischen. Ein Fuß mit der deutschen Schuhgröße 39 benötigt die sowjetische Größe 37/38, selbstverständlich mit kleinen Schwankungen. Herren leben hier wie dort auf gleicher Schuhgröße. Sonst entspricht alles dem mitteleuropäischen Standard: Man mißt in Zentimeter, Liter und Kilo. In diesem Punkt unterscheiden wir uns mehr von Amerika als von der Sowjetunion.

Natürlich gibt es in der Sowjetunion auch Tabus, die eigentlich der zahlenmäßigen Erfassung mehr bedürften als all die bislang erwähnten Fälle. Es wird zum Beispiel keine Kriminalstatistik unter die Leute gebracht. Überfälle, Mord und Selbstmord bleiben verschwiegen; ebenso die Verkehrstoten, Flugzeug-, Zug- und Schiffsunglücke.

Ein anderer delikater Bereich ist die Zahl von Auswanderungswilligen, die in dem ansonsten sorgsam gepflegten Zahlenspiel nicht öffentlich erfaßt werden. Betroffen sind davon in Wirklichkeit vielleicht nur einige Promille der 270 Millionen Menschen, die in der Sowjetunion leben. Aber es gibt politische Gründe, warum solche Daten nicht verbreitet und diskutiert werden.

Noch etwas fällt bei den Angaben auf. Immer wieder

erscheinen während der Erntezeit verblüffend viele Prozentziffern, die besagen, wieviel Hektar der anstehenden Fläche bereits abgeerntet wurden. Auch Einzeldaten sollen zeigen, wo zu welchem Zeitpunkt wieviel Tonnen Getreide von den fleißigen Kolchosniki eingebracht wurden. Der gesamte Ernteertrag jedoch bleibt oft monate- und sogar jahrelang wie ein Staatsgeheimnis gehütet. Aus verschiedenen Gründen werden die Planziffern hier seit langem ganz erheblich unterschritten. Entsprechend zögerlich und mit der nötigen Mischung aus Schuldzuweisung und Selbstkritik verfährt die Regierung dann mit den weniger attraktiven Daten.

Zuweilen soll auch für die ausländischen Gäste ein besonders gutes Bild der landwirtschaftlichen Lage herausgestrichen werden. Allzustarke Retuschen wirken aber eher mitleiderregend. So verbreitete eine Kolchose in Lettland, immerhin schon einer der ertragreichsten Republiken, unter Korrespondenten ein kleines Merkblatt mit den wichtigsten Produktionsziffern der letzten Jahre. Danach lag der Zuwachs des Hektarertrages bei Getreide innerhalb der letzten neun Jahre bei insgesamt knapp drei Doppelzentnern. Doch ausgerechnet für das Besuchsjahr der ausländischen Journalisten wurde der erwartete Zuwachs mit 15 Doppelzentnern angegeben. Diese gigantische Steigerung war sogar eigens mit liebevoller Handschrift in dem Merkblatt nachgetragen worden.

Zahlen als Ausdruck der Leistung; Planziffern als Ausdruck des Wunschdenkens?

Die Kopeke
und der Pfennig

Merkblätter für Reisen in die Sowjetunion enthalten den wichtigen Hinweis, es dürfen keine Rubel in das Land eingeführt werden. Der Umtauschwert des sowjetischen Geldes wird nicht auf dem freien Markt erhandelt, sondern von staatlicher Seite festgesetzt. Das Geld ist nur für den Handel im Inland vorgesehen. Wenn sowjetische Unternehmen Geschäfte mit westlichen Ländern abschließen, dann bedienen sich beide Länder einer anderen Währung. Das kann der Dollar, die Mark oder der Schweizer Franken sein.

Warum das so ist, können Sie schnell erraten. Bedenken Sie nur, was laut offiziellem Umtauschkurs für den Rubel gezahlt werden muß. Ein sowjetischer Geländewagen, der bei uns inzwischen recht populär geworden ist, kostet beispielsweise in der Bundesrepublik in der billigsten Ausführung 13 500 DM. Ein Sowjetbürger, der haargenau dasselbe Auto erstehen will, muß dafür umgerechnet fast 34 000 DM hinblättern – mit zwei Unterschieden: Bei uns nimmt der Käufer das Auto gewissermaßen vom Händler direkt mit nach Hause, während Sowjetmenschen darauf jahrelang warten müssen. Und zweitens sind die ins Ausland exportierten Wagen qualitativ meist weitaus besser als die für den heimischen Markt gefertigten. Die weiteren Geheimnisse dieser Widersprüche gehören in das schwierige Gebiet der Beziehungen zwischen zwei verschiedenen Wirtschafts-

und Gesellschaftssystemen. Das zu ergründen, reicht Ihr Urlaub in der Sowjetunion sicher nicht aus. Manche Leute haben dieser Frage schon ihr ganzes Leben gewidmet.

Für Sie als Tourist gilt jedenfalls die Faustregel: Geldumtausch nur im Land bei einer offiziellen Wechselstube, die es in jedem großen Hotel gibt. Dabei müssen Sie wieder Ihre Zolldeklaration vorlegen. Unter der Rubrik »Bankvermerk« auf der Rückseite wird notiert, wann Sie welche Valutamenge gegen Rubel getauscht haben. Dazu gleich eine Warnung. Tauschen Sie nicht zuviel sowjetisches Geld ein. Sie brauchen weniger, als Sie denken.

Nun halten Sie Ihre ersten Rubelscheine in der Hand. Dazu ein paar Münzen. Sie können vielleicht nicht mehr entziffern als die Zahlen. Der kleinste Schein, im Ausmaß wie im Wert, ist ein Rubel. Dann sind – etwas abweichend von unserer Stückelung – noch Geldscheine für 3, 5, 10, 25, 50 und 100 Rubel im Gebrauch. Als Wasserzeichen und als Bildaufdruck erkennen Sie bei allen großen Geldscheinen einen Leninkopf. Das Papiergeld läßt sich nicht nur der Größe, sondern auch den Farben nach gut unterscheiden. Die Skala reicht von ocker über grün, blau, rot, violett und nochmals grün zu braun. Die verschiedenen Türme und Kuppeln, die als Bildmotive die meisten Scheine zieren, sind eine Miniaturführung durch den Kreml. Übrigens: Vergleichen Sie einmal die wehende Fahne auf dem 50-Rubel-Schein genau mit ihrer echten Vorlage. Selbst bei Windstille bewegt sich das rote Banner auf dem Kuppelbau des Regierungssitzes – in einem künstlich erzeugten Luftstrahl.

Leninköpfe und Kremltürme: Sowjetisches Geld

Die Geldscheine bieten aber auch eine kurze Füh-
rung durch alle Unionsrepubliken. Denn in 15 offiziellen Republiksprachen ist der Geldwert auf dem Biljet,
wie Geldscheine auf russisch heißen, ausgeschrieben.
Im Gegensatz zu Schweizer oder österreichischen Geldscheinen entpuppt sich eine deutsch-sowjetische Ge-
meinsamkeit auf dem Rubelschein: Auch hier wird
Geldfälschern mit einer gesetzlichen Strafe gedroht.
Schließlich versichert die sowjetische Staatsbank ihren
Rubelbesitzern, daß der angegebene Geldwert auch tatsächlich gedeckt ist. Und zwar »durch Gold, wertvolle
Metalle und andere Aktivposten der Staatsbank«.

Ein Rubel ist auf jeden Fall 100 Kopeken wert. Und
damit sind wir bei den Münzen. Auch hier sollten Sie die
gewohnte Zählweise ein wenig zurückstellen. Denn Kopekenstücke sind in den Größenordnungen von eins,
zwei, drei, fünf, zehn, 15, 20 und 50 im Umlauf. Dazu
taucht etwas seltener noch die Münze im Wert von
einem Rubel auf, den es ja auch als Papiergeld gibt.
Später erfahren Sie etwas über Sonderprägungen, die
Sie als ausländischer Tourist besonders leicht erwerben
können.

Was Ihnen von den Kopeken am wenigsten wert erscheint, ist eigentlich am wichtigsten. Nämlich die gel-
ben Kupfermünzen zwischen einer und fünf Kopeken.
Alles andere sind silbrig schimmernde Legierungen.

Nehmen Sie jetzt die Münzen in die Hand, am besten
zwischen zwei Finger. Sie spüren, die Kopekenstücke
sind ungewöhnlich schmal, das Ein-Kopeken-Stück ist
sogar verschwindend zierlich. Damit eignen sich die sowjetischen Geldstücke schon einmal hervorragend zum
Öffnen von eingekerbten Schrauben. Sie kennen die fa-
tale Situation. Die Batterie eines Gerätes ist leer. Auf
der Rückseite zeigt ein halbrunder Pfeil, in welche

Richtung die Verschlußschraube zu drehen ist. Sie probieren alle gängigen Münzen. Doch leider sind sie zu dick. Das eben kann Ihnen mit der Kopeke nicht passieren.

Ein weiterer nützlicher Hinweis. Das silbrige 15-Kopeken-Stück dient hervorragend als Taschenmaßstab. Denn sein Durchmesser beträgt fast genau zwei Zentimeter.

Gleich groß sind das Zwei- und das Zehn-Kopeken-Stück. Das wiederum ist von entscheidender Bedeutung beim Telefonieren. Normalerweise können Sie zwar mit zwei Ein-Kopeken-Stücken oder einem Zwei-Kopeken-Stück den Telefonautomaten füttern. Doch als gleich großen Ersatz können Sie auch ein Zehn-Kopeken-Stück einwerfen.

Damit wären wir bei der eigentlichen Verwendung des Geldes. Fangen wir wieder mit der kleinsten Münze an:

Für eine Kopeke bekommen Sie bereits eine Schachtel Streichhölzer. Sie sind besser als ihr Ruf. Beim Test mit mehreren Schachteln hat sich jedes der fünfzig Hölzer auf Anhieb entzündet. Doch für eine Kopeke bekommen Sie noch ganz andere Dinge: zum Beispiel eine Stecknadel mit verdicktem Plastikkopf oder ein Glas Wasser mit Kohlensäure, das aus mannshohen Automaten auf der Straße verkauft wird. Allerdings haben Sie dabei die Freude, dasselbe Glas zu benutzen wie Ihre Vortrinker.

Mit dem Zwei-Kopeken-Stück können Sie wie beschrieben telefonieren, und zwar innerhalb der Stadt. Knöpfe für Herrenoberhemden werden für zwei Kopeken verkauft. Und stabile hölzerne Wäscheklammern, die bei uns längst der Plastikkonkurrenz gewichen sind, kosten ebenfalls zwei Kopeken.

Mit drei Kopeken in der Hand können Sie Ihren ersten Hunger stillen: soviel kostet ein Brötchen. Oder Sie erwerben eine Ausgabe der deutschsprachigen Tageszeitung *Freundschaft*. Schließlich spuckt der Wasserautomat bei einem Drei-Kopeken-Einwurf nicht nur Kohlensäure, sondern auch schmackhaften Sirup aus, so daß Sie ein richtiges Glas Limonade trinken können.

Vier Kopeken zahlen Sie für ein Exemplar der Parteizeitung *Prawda*. Montags, wenn die *Prawda* als einziges Blatt erscheint und etwas umfangreicher ausfällt, muß man fünf Kopeken berappen. Soviel kostet auch eine Metro- oder Busfahrt. Bei der U-Bahn ist das Fünf-Kopeken-Stück gleichzeitig die Eintrittsmünze für die automatischen Wärter. Sie lassen das Geldstück in einen Schlitz fallen, eine kleine Ampel springt von Rot auf Grün, und in halber Höhe gibt dann eine Lichtschranke den Metrozugang frei. Das ist in allen Städten gleich, in denen eine U-Bahn fährt.

Alle Preise, die höher als einige Kopeken liegen, seien nun Ihrer eigenen Erfahrung überlassen. Statt dessen wollen wir uns jetzt noch dem Pfennig, dem Rappen und dem Schilling zuwenden.

So erstaunlich es klingen mag, Sie sind oft genug auf westliches Kleingeld angewiesen. Viele Waren, die für Sie interessant sind, werden in den Beriozka-Läden angeboten. Diese Geschäfte erkennen Sie schnell an der Aufschrift in lateinischen Buchstaben. Manchmal ist auch nur ein großes *B* auf blauem Untergrund zu sehen. Hier werden Produkte vertrieben, die es in anderen Läden selten oder gar nicht gibt. Die Preise sind in Rubel ausgezeichnet, bezahlen aber müssen Sie mit Devisen. Sie fragen sich vielleicht, welche begehrenswerten Artikel wohl gegen Landeswährung nicht erhältlich sind. Vergleichen Sie ein wenig, und Sie werden feststellen, daß manch schöner Bildband oder der Export-Wodka eben nur in den Beriozkas zu finden sind. Doch nun zur Praxis des Einkaufs. Lassen wir Sie eine kleine Holzschnitzerei erwerben, sagen wir, einen kleinen Bären, der einen runden Rubel kostet. Sie kommen im Beriozka-Laden damit an die Kasse, und die junge Dame dort stellt Ihnen zunächst eine Frage. Sie können davon ausgehen, daß sie sich erkundigt, womit Sie bezahlen wollen. Mit Kreditkarte oder mit einer beliebigen anderen Währung. Alles wird genommen, was als harte Devise zählt. Strecken Sie ihr das Geld einfach hin – wahlweise auch die Kreditkarte. Jede gängige Marke wird in der Sowjetunion akzeptiert, egal ob Visa, American Express, Diners Club oder Eurocard. Und jetzt beginnt die Zauberei mit dem Valuta-Einmaleins. Natürlich wird der Rubelpreis gebucht. Dann tippt die Kassiererin den gültigen Umtauschkurs in eine kleine elektronische Rechenmaschine und nennt Ihnen den Preis zum Beispiel in bundesdeutscher Mark. Das können gerade für einen Rubel 3,76 DM sein. Vom heimischen Kleingeldverkehr verwöhnt, strecken Sie einen Zehn-Mark-Schein hin und provozieren damit die Verkäuferin zu einem leichten Aufschrei des Entsetzens. Ob Sie es nicht vielleicht etwas kleiner haben oder sogar passend. Natürlich haben Sie diese Zeilen bis zu Ihrem ersten Beriozka-Einkauf bereits wieder vergessen und auch nicht genügend Kleingeld eingesteckt. Deshalb wird weitergerechnet. Mit leichtem Widerstreben wandert Ihr Zehn-Mark-Schein zwar in die Kasse, doch dann tippt die junge Dame mit Blitzesgeschwindigkeit mehrere verschiedene Summen in den Rechner, notiert, addiert. Ein Blick zurück in den Bargeldbestand der offenen Kasse. Ihr Gesicht hellt sich auf. Dann zieht sie die Hand des zahlenden Kunden zu sich herüber und träufelt Ihnen das Wechselgeld hinein: ein paar amerikanische Cent, einige dänische Öre, auch ein japanischer Yen ist darunter. Vielleicht ein holländischer Gulden oder einige britische Pennys. Auch wenn Sie jetzt nicht mehr in der Lage sind, die verschiedenen Währungen zu überblicken, Sie können sich darauf verlassen, das Wechselgeld stimmt. Sicher werden Sie nun voller Verzweiflung das internationale Geldgemisch in Ihren Händen anstarren und sich fragen, was tun? Die Antwort ist denkbar einfach. Geben Sie das Geld genauso wieder aus, wie Sie es bekommen haben: an der Kasse eines Beriozkas. Im Zweifel strecken Sie nur wieder Ihre Hand mit den Münzen aus und lassen die valutaerprobten Beriozka-Damen heraussuchen, was nötig ist. Doch diese umständliche Warterei können Sie erheblich verkürzen, wenn Sie eine Kreditkarte benutzen. Weisen Sie aber nicht gleich empört einen Ihrer Meinung nach falsch eingetragenen Kaufpreis zurück: Die Sache läßt sich hier im voraus aufklären. Der Quittungsbeleg für Ihre Kreditkarte hat bekanntlich eine Rubrik, in der die Kaufsumme eingetragen wird. Doch vor die Zahl schreiben die Beriozka-Verkäuferinnen die Buchstaben *Rb* als Abkürzung für Rubel. Das kann zusammengezogen manchmal wie die Zahl 16 oder sogar 126 ausschauen und würde natürlich Ihre Kosten erheblich vervielfachen. Bei bislang vielen hundert Buchungen sind bisher Klagen nicht bekannt geworden.

Ausländisches Geld in kleinen Stückelungen benötigen Sie noch mehrfach. Nach Ihrer Ankunft in der Sowjetunion wird Intourist in allen Orten, die Sie besuchen, zusätzliche Programme anbieten. Das können ein Ausflug ins Gebirge, ein Folkloreabend oder eine Ballettaufführung sein. Für die Eintrittskarten verlangt Ihre Reiseführerin meist eine runde Summe wie fünf oder zehn Mark, Franken oder zwei, drei Dollar. Wenn Sie später Ihre Eintrittskarten anschauen, die Sie auf diesem Weg erstanden haben, werden Sie voller Verwunderung feststellen, daß der Rubelpreis erheblich unter dem Ihnen abverlangten Eintrittspreis liegt. Oft müssen Sie das Dreifache dessen bezahlen, was Sowjetbürger für eine Karte berappen müssen – es sei denn, Sie wären statt eines Intourist-Vermittlers an die Abendkasse gegangen und hätten selbst bezahlt. Doch – und hier kommt die Begründung für den Aufpreis – Sie hätten vermutlich gar keine Tickets bekommen. Das Organisationstalent vieler Leute, die mit Eintrittskarten zu tun haben, führt nämlich dazu, daß man ohnehin nur gegen Aufpreis und über gute Beziehungen an die begehrte Ware kommt. Verglichen mit einer westlichen Theater- oder Konzertkarte werden Sie aber auch bei dem verlangten Preis noch das Gefühl haben, Sie seien gut weggekommen.

Wenn Sie es allerdings ganz volkstümlich und billig haben wollen, dann gehen Sie ins Kino. Bereits ab zehn Kopeken werden Dokumentarfilme gezeigt. Und für dreißig Kopeken können Sie sich einen ganzen Abend lang mit Vorfilm, politischer Propaganda, Wochenschau und Hauptfilm vergnügen.

Noch ein Tip in Sachen Geld. Ihnen werden gelegentlich Eckensteher begegnen, Kellner, Leute auf der Straße, im Geschäft, die meist in etwas abenteuerlichem Englisch versuchen, Rubel zum Tausch anzubieten. Der Kurs klingt verlockend. Denn nach unseren Marktgesetzen ist der Rubel gegenüber westlichen Währungen durch den staatlichen Wechselkurs heillos überbewertet. Deshalb nähert sich der Schwarzmarktkurs einem etwas realistischeren Niveau. Trotzdem, lassen Sie die Finger davon. Sie verstoßen bei solch einem

Geldumtausch gegen sowjetische Gesetze und können dafür im Land bestraft werden. Umgekehrt aber sollten Sie sich keine Sorgen machen, was der Zoll wohl denkt, wenn Sie nun Ihre Devisen ohne Rechnung etwa für zusätzliche Theaterbesuche und Konzerte ausgegeben haben. Denn dafür bekommt man ja keine Bestätigung auf der Zolldeklaration. Seien Sie unbesorgt, den Mann und die Frau an der Grenze interessiert nur, daß Sie nicht *mehr* Westgeld aus dem Land mitnehmen, als Sie hereingebracht haben.

Bleiben Sie längere Zeit in der Sowjetunion, dann können Sie selbstverständlich ein Devisenkonto bei der Bank für Außenhandel der UdSSR eröffnen, Geld überweisen, in verschiedenen Währungen abheben und gegen die Bankbescheinigung wieder mit aus dem Land nehmen. Von diesem Konto werden Miete, Telefon- und Telexgebühren abgebucht. Als Ausländer jedenfalls kann man – von geringfügigen Ausgaben für Metro, Taxi, Zeitungen, Kino und ähnliches – auf diese Weise Jahre in der Sowjetunion leben, ohne jemals einen großen Rubelschein in die Hand nehmen zu müssen. Selbst bei Reisen in die Provinz akzeptieren die dortigen Hotels immer auch westliche Kreditkarten. Und die speziellen Devisenläden, die Beriozkas, verkaufen nicht nur Reiseandenken und Spirituosen. Diesen Eindruck könnte man bei einem Kurztrip erhalten, wenn die Intourist-Damen die Reisegruppe bei jeder sich bietenden Gelegenheit in einen solchen Devisenladen lotsen wollen. Die Beriozkas versorgen die Devisenbesitzer – das müssen natürlich nicht ausschließlich Ausländer sein, obwohl Devisenbesitz dem Sowjetbürger eigentlich untersagt ist – mit allem, was ein Luxusleben aus sowjetischer Sicht ausmacht: mit gutem Fleisch, mit französischem Wein, mit deutschem Bier, mit dänischem Käse, spanischen Oliven, finnischen Pelzmänteln, japanischen Videorekordern. Kurzum, es gibt fast nichts, was gegen harte Währung nicht aufzutreiben wäre; mit Aufpreis selbstverständlich. Ein Glas Pulverkaffee, in der Bundesrepublik für etwa 13 Mark zu haben, kostet in der sowjetischen Hauptstadt fast 28 Mark. Zoll, Transport, all das schlägt zu Buche. Allerdings hat dieser staatlich lizensierte Luxus einen wesentlichen Nachteil. Die Waren kommen nur schubweise in das Geschäft und sind dann wochenlang wieder nicht zu haben. Das verändert die Mentalität. Man wird etwas raffiger beim Einkauf. Auch als Beriozka-verwöhnter Ausländer sollte man daher nie ohne die berühmte Awoska, die Einkaufstasche, losziehen, die ihren Namen von einem ähnlich klingenden Wort ableitet, das soviel bedeutet wie vielleicht, also vielleicht gibt es was, vielleicht auch nicht.

Unter diesem Aspekt lohnt sich auch immer ein Abstecher in einen der vielen Buch-Beriozkas. Dort wird die sowjetische Produktion angeboten, die in den letzten Jahren einige prächtige Bildbände zur russischen Kunst, zur sowjetischen Malerei und zur Länderkunde der einzelnen Republiken hervorgebracht hat. Außerdem machen Sie mit Büchern Ihren sowjetischen Freunden immer ein willkommenes Geschenk. Denn in den Devisenläden finden Sie Literatur, die zwar offiziell gedruckt, aber wegen der Nachfrage und der Papierknappheit in normalen Läden schnell vergriffen ist. Das gleiche gilt natürlich für sowjetische Schallplatten. Von den Köstlichkeiten ausländischer Provenienz ganz zu schweigen.

Zu den vielen Verordnungen, die das öffentliche Leben in der Sowjetunion regeln, gehört auch ein Gesetz, das feste Preise vorschreibt. Was immer Sie in einem »normalen« Geschäft in die Hand nehmen, Sie werden einen Fixpreis aufgedruckt finden, und zwar schon vom Hersteller. Preisunterschiede sind regional bedingt. Das Land ist in vier Preiszonen eingeteilt. Doch es handelt sich dabei jeweils nur um Kopekenbeträge. Auf sowjetischen Produkten fehlen die kleinen Klebeetiketten, die gerne sichtbar neben dem Richtpreis prangen, jedoch einen um einige Pfennige niedrigeren Preis anzeigen und den Käufer glauben machen, im Supermarkt Sowieso sei alles viel billiger. Solche Bauernfängerei gibt es nicht. Und dennoch wird der Glaube an stabile Preise für den Ausländer sichtbar gleich zweimal erschüttert. In den bereits erwähnten Beriozkas und – wovon noch die Rede sein wird – auf den Kolchosmärkten.

Wer etwa Bücher gegen Devisen im Beriozka kauft und sich am Festpreis orientiert, der auf der Rückseite des Einbandes eingeprägt ist, wird an der Kasse sein blaues Wunder erleben. Ein Gedichtband, mit 2p. 80k, also 2,80 Rubel ausgezeichnet, kostet den Devisenbringer 4,20 Rubel. Auf gut deutsch: Statt 10,50 DM sind das fast 15,80 DM. Diese Enttäuschung schlägt natürlich besonders zu Buche, das heißt auf die Reisekasse, wenn man sich für Kunstbände interessiert, die dank der wundersamen Preiserhöhung leicht an die vierzig Rubel (also etwa 150 DM) kosten können. Kalkulieren Sie bei Interesse Ihre Reisekasse entsprechend vor.

Noch größer kann der Schock sein, wenn man in der kargen Jahreszeit auf die Privatmärkte angewiesen ist. Denn bei der Aufzählung reichhaltiger Konsumwaren, die gegen Devisen angeboten werden, fehlen Salate,

Oben: Nach Abschluß der Geschäfte: Ein Täßchen Tee krönt in Usbekistan den erfolgreichen Handel.
Unten: Am Verkaufsstand wird noch oft der Abakus, ein Rechenbrett, benutzt.

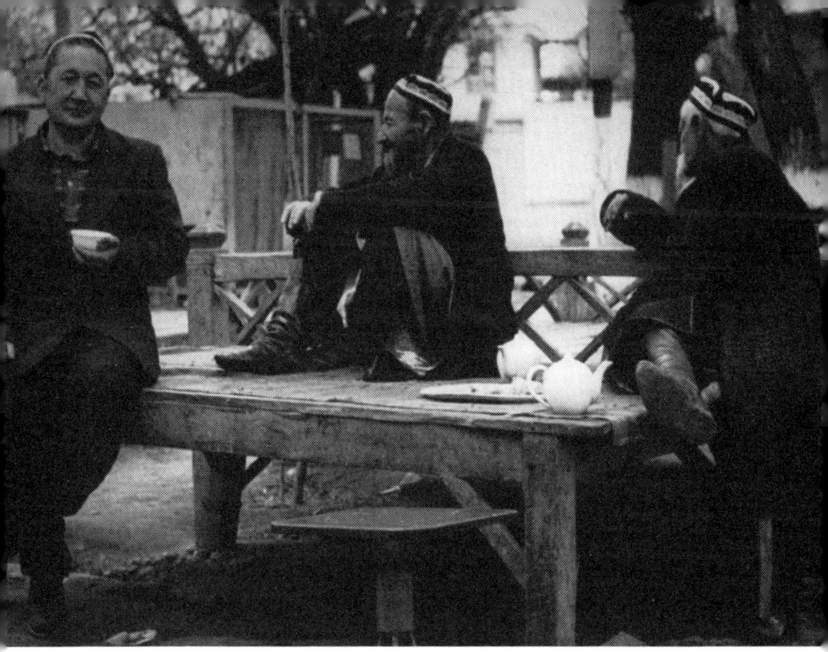

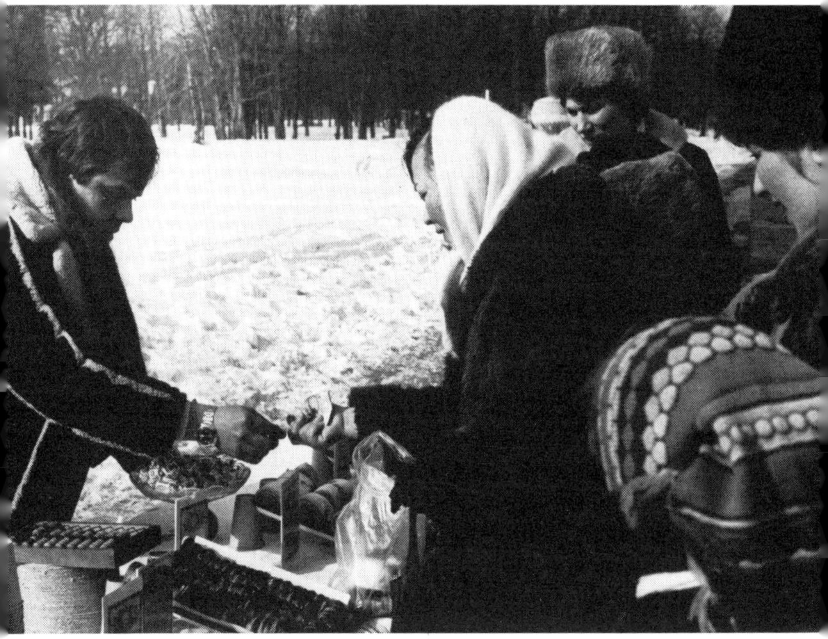

Gemüse, Südfrüchte. Während des langen Winters kann man sich auch im Beriozka nur mit Zwiebeln, Rote Bete, Karotten und selten genug mit Orangen und Grapefruits eindecken. Letztere würden jedoch einen Markttest bei uns kaum überstehen.

Die geschäftstüchtigen Bauern aus dem Süden der Sowjetunion wissen aber sehr wohl, was sie in einer großen Stadt wie Moskau mit dem zahlungskräftigen Ausländeranteil für ihre begehrten Produkte verlangen können. Natürlich wird auch dort nicht mit Chicorée, Brokkoli, Auberginen oder Artischocken aufgewartet. Phantasiepreise werden im Winter für Einfacheres verlangt. Das Kilo Tomaten kostet bis zu umgerechnet 68 Mark. Ein Blatt Salat, wohlgemerkt nicht ein Kopf Blattsalat, bis zu zwei Mark. Das Bund Radieschen von fünf Mark aufwärts. Selbstverständlich wurde auch hierfür einmal ein Gesetz erlassen. Sinngemäß schrieb es vor, auf den privat betriebenen Kolchosmärkten dürfe nur das Zweifache des Preises verlangt werden, der für dasselbe Produkt in staatlichen Läden festgesetzt ist. Doch wie immer, wenn Nachfrage und Angebot in einem Mißverhältnis zueinander stehen, diktiert der Markt und nicht eine Verordnung die Preise. So konnte dieses Gesetz nicht greifen.

Wer dem winterlichen Engpaß ausweichen möchte, der kann sich zwar mit eingelegten Gurken, Rote Bete, Zwiebeln und Karotten begnügen. Damit läßt es sich einige Jahre leben. Dann wird der Appetit verwöhnter Ausländer nach Genußvollerem offenbar stärker. Wie das unbestätigte Gerücht in einer der Moskauer Ausländerkolonien wissen will, soll tatsächlich jemand zu Weihnachten schwach geworden sein und eine Honigmelone für sage und schreibe fünfzig Rubel erstanden haben.

Die gelegentlichen und teilweise gravierenden Mängel an neuen Produkten halten in der Sowjetunion einen Geschäftszweig lebendig, den man bei uns eher unter dem Begriff Flohmarkt führen würde. Gemeint sind die Kommissionsgeschäfte. Es gibt sie reichlich und nach beschriebener Manier fein säuberlich durchnumeriert. Alles, was nicht mehr gebraucht wird, indes noch brauchbar ist, kann man zu solch einem Laden schleppen, taxieren lassen und feilbieten. Insbesondere Kleider, Mäntel, Jacken, Anzüge, aber ebenso alte Möbel, Hausrat und Schmuck. Die Kommissionsgeschäfte selbst profitieren mit ein paar Prozent (derzeit sieben Prozent) vom Erlös. Leider ist in Moskau der alte Zirkus abgerissen worden, weil er neu aufgebaut werden soll. Für Touristen war ein Besuch im alten Zirkus wegen seiner Lage in der Innenstadt besonders interessant, um sich zuvor etwas umzuschauen. Denn gleich nebenan ist der Zentralmarkt, an dem Sie Ihre eigenen Preisvergleiche anstellen können. Und nur wenige Schritte weiter liegt ein kleines, stets vollgestopftes Kommissionsgeschäft. Für Ausländer gilt jedoch eines: Sie dürfen nichts selbst verkaufen, weder im Kommissionsladen noch auf der Straße. Lassen Sie sich also nicht Ihre Jeans oder modische Jacke gegen Geld abschwatzen. Die Sache könnte Ihnen, wie Rubeltausch mit Fremden auf der Straße, erheblichen Verdruß einbringen.

Kaufen dagegen können Sie alles; Kunst und Antiquitäten nicht ausgenommen. Wer auf einer Kaukasusreise durch die armenische Hauptstadt Eriwan bummelt, wird an einigen Kunstgalerien vorbeikommen und feststellen, daß manche sehr reizvolle Bilder relativ preiswert angeboten werden. Solche Entdeckungen kann man praktisch überall in der Sowjetunion machen.

Erkundigen Sie sich am besten bei Ihrer Reiseleitung, unter welchen Bedingungen Sie so etwas mit außer Landes nehmen dürfen. Auf jeden Fall sollten Sie die Quittung aufbewahren.

Ausländer, die ständig in der Sowjetunion leben, müssen ein vorgeschriebenes Verfahren durchlaufen. Vor Ihrem Umzug aus der Sowjetunion kommt ein Beamter des Kulturministeriums. Er legt zunächst den Schätzwert für das Bild, die Skulptur oder die Antiquitäten fest, die im Land erworben wurden. Darauf werden dann einhundert Prozent Zoll gezahlt. Es nutzt Ihnen nichts, wenn Sie die Sachen billig erstanden haben. Als Richtwert für den Zoll gilt ausschließlich die amtliche Schätzung.

Was Sie in der Sowjetunion auf keinen Fall versäumen sollten, ist ein Kaufhausbummel. Mehr noch, Sie müssen unbedingt etwas selbst erwerben. Dabei kommen Sie in den Genuß einer lebendigen Studie zum Thema sowjetisches Verkaufsmanagement.

Die Sache ist doch ganz einfach, sagt Ihnen Ihr gesunder Menschenverstand. Ich will etwas, gebe dafür Geld und bekomme es. Die Sache ist viel komplizierter, wie die Praxis zeigt. Gehen Sie am besten in die Kinderwelt, auf russisch Djetskij Mir. Diese Empfehlung läßt sich am einfachsten verwirklichen, weil in praktisch jedem größeren Ort der Sowjetunion solch ein Kinderkaufhaus steht. Dort findet man nicht nur Spielzeug, das reichlich vorhanden ist und meist sogar noch aus Holz hergestellt wird, obwohl schmuddelige Plastikprodukte auch hier unaufhaltsam vordringen. Die Kinderwelt bietet weit mehr. Kleider, Wäsche, Sportgeräte, Schreibwaren, Ranzen, alles, was von der Wiege bis in die Schulzeit erforderlich ist. Der Traum eines jeden Jungen dürfte wohl ein Tretauto mit verstellbarem Sitz und elektrischer Lichtanlage sein. Es wird unter dem Markennamen seines ausgewachsenen Vorbildes »Moskwitsch« vertrieben und ist im Gegensatz zu vergleichbaren westlichen Produkten ganz aus Metall und Aluminium hergestellt. Dieses Kinderauto ist seit Jahren ein Verkaufsschlager. Es ist zwar verlockend billig, aber als Souvenir für Ihr Reisegepäck zu schwer. Nehmen Sie Ihrem Sohn, Ihrer Tochter, den Neffen, Nichten oder Enkeln lieber etwas Kleineres, aber ebenso Originelles mit. Vielleicht einen russischen Holzturm, der sich zerlegen läßt. Das kann die Nachbildung eines klassischen Kremlturmes sein oder ein Kirchturm mit dem berühmten Zwiebelaufsatz. Sie haben sich entschieden und sehen Ihr Türmchen auch schon im Regal. Nun drängeln Sie mal schön! Nicht zum Regal, denn Selbstbedienung ist nicht üblich. Stoßen Sie mit gezielten, aber vorsichtig rudernden Bewegungen Ihrer Oberarme und unter leicht abstützendem Druck Ihrer Beinmuskulatur in Richtung Verkaufstresen. Denn in allen Kinderkaufhäusern der Sowjetunion scheint ständig Hochbetrieb zu herrschen, als ginge es den besorgten Eltern, Großeltern, Tanten und Onkels ausschließlich um das Wohl des Nachwuchses. In Wirklichkeit geht es nicht weniger um den Spieltrieb der Erwachsenen, die sich mit anhaltender Leidenschaft den neuesten Spielsachen widmen. Entsprechend gelangweilt steht die Heerschar von Verkäuferinnen hinter dem Ladentisch und starrt in die Luft. Jedenfalls solange nicht ein kaufwilliger Kunde unter Zuhilfenahme von Gestik und Stimme auf sein Begehren aufmerksam macht. Seien wir gnädig und gönnen Ihnen, daß sich eine der Verkäuferinnen – wenn auch nicht hurtig und flink – auf Sie zubewegt. Jetzt sind Sie an der Reihe. Falls die russische Sprache Ihnen noch Mühe macht, zeigen Sie einfach mit dem Finger, was Sie wollen. Und nun können Sie die Kehrseite der gemächlichen sowjetischen Verkäuferin bewundern. Sie zeichnet sich durch eine Engelsgeduld aus. So gelangweilt sie bislang ihren Arbeitstag abgesessen hat, so unverdrossen wird sie Ihnen das ganze Regal zur Ansicht leerräumen und alles auf dem Tresen aufbauen. Vor allen Dingen wird niemand zum Kauf gedrängt. Doch Sie wollen ja Ihren kleinen zerlegbaren Holzturm erstehen und sagen *da, wot eto*, was soviel heißt wie »ja, das da«. Nun könnte man zum Geschäftsabschluß kommen – meinen Sie. Doch jetzt geht es erst richtig los. Ein Stift wird gezückt, eine Notiz auf einen Block geschrieben. Der Preis. Mit diesem Zettel, den Ihnen die Verkäuferin in die Hand drückt, suchen Sie sich die Kasse, die zu der entsprechenden Abteilung gehört. Viel Glück. Denn nicht immer sind die Verkaufsstände mit Nummern markiert, die man auch an der Kasse findet. Sollten Sie also unsicher sein, wo zu bezahlen ist, dann stellen Sie sich in die Schlange bei der nächstliegenden Kasse. Sobald Sie an der Reihe sind, wird die Dame an der Rechenmaschine fragen, in welcher Abteilung Sie die Sachen ausgesucht haben, die Sie bezahlen wollen. Sie will prüfen, ob sie überhaupt für Ihre Bezahlung zuständig ist. Nun reagieren Sie bitte nicht zu korrekt, denn das kann kompliziert werden. Machen Sie einfach eine halbkreisende Kopfbewegung, die auch als verständnisloses Kopfschütteln ausgelegt werden kann. Dabei murmeln Sie einfach das Wörtchen *tam*, was »dort« heißt. Damit lassen Sie jede Interpretation zu und beruhigen das Gewissen der Kassiererin. Was jetzt folgen kann, klingt so unglaublich, daß Sie es in das Reich der Fabulierkunst verweisen werden. Sobald Sie nämlich mehrere verschiedene Gegenstände kaufen wollen, überträgt die Kassiererin die Einzelpreise zunächst auf einen Abakus, ein Rechenbrett mit zehn Reihen, auf denen man bewegliche Steine hin- und herschieben kann. Die so ermittelte Endsumme tippt sie anschließend in die elektrische Kasse, die den Quittungsbeleg ausspuckt. Darauf erhalten Sie unter Umständen noch einen Stempel, der besagt *bezahlt*. Und nun nichts wie zurück zum Verkaufstresen, um die Ware abzuholen. Stopp! Erst einmal geben Sie den Kassenbon ab. Der wird geprüft, für richtig befunden und auf eine überdimensionale Nadel gespießt. Dann wandern Ihre Holztürmchen – nein, nicht zu Ihnen – zur nächsten Fachkraft. Sie prüft, ob das Produkt auch wirklich heil und vollständig die Fabrik verlassen hat. Nun strecken Sie, immer noch zu voreilig, Ihre Hand aus. Die nächste und letzte Instanz ist die Packerin, die sachgerecht Ihre Holztürmchen einwickelt und verschnürt. Klebeband wird in normalen Geschäften so gut wie nie verwendet. Statt dessen erleben Sie eine Demonstration in kunstvollem Verknoten. Je größer Ihr Einkauf, um so origineller und haltbarer fällt das Flechtwerk der Schnüre aus.

Schließlich halten Sie Ihr Päckchen mit einigem Stolz in der Hand. Herzlichen Glückwunsch. Sie haben nun einen Hauch von dem gespürt, was die tägliche Einkaufsmühe für viele Sowjetbürger bedeutet.

In den vielen Büchern über die Sowjetunion können Sie manches über die Psychologie der Schlange lesen. Das ist nicht zoologisch gemeint. Es geht um Menschenschlangen, Warteschlangen. Sowjetische Zeitungen greifen dieses Thema gelegentlich auf und rechnen vor, wieviel Tage, Wochen oder gar Monate ein Sowjetmensch im Laufe seines Lebens »versteht«. Laut Angaben der Parteizeitung *Prawda*, die man sicher als Autorität zitieren darf, bringt eine sowjetische Durchschnittsfamilie jährlich rund 550 Stunden allein damit zu, bei Einkäufen in der Schlange geduldig auf das Vorrücken zu warten. Da der tägliche Einkauf natürlich meist während des Tages erfolgt, muß man die Verlustrate auf die Arbeitszeit hochrechnen. Im Klartext: Fast 69 Arbeitstage gehen durch die Warterei verloren. Wie solches Ungemach zu verkürzen ist, läßt sich in der Praxis erlernen. Irgendwann spricht Sie Ihr Vordermann oder Ihre Vorderfrau an, verschwindet, besorgt in der Zwischenzeit etwas anderes und reiht sich am alten, mittlerweile vorgerückten Platz wieder ein. Sie erraten, was der entschwundene Kunde zuvor von Ihnen wollte? Genau, Sie sollten seinen Platz in der Schlange freihalten.

Verlieren Sie aber nicht zuviel Zeit mit Schlangestehen während Ihrer vermutlich kurzen Sowjetunion-Fahrt. Bummeln Sie lieber noch ein bißchen durch verschiedene Geschäfte und prüfen Sie nachfolgende Einkaufstips für ausgefallene Souvenirs.

Schallplatten Ungläubiges Staunen Ihrerseits. Was sollen Sie mit Schallplatten aus der Sowjetunion? Gewiß, sie sind billiger als bei uns. Aber russische Volkslieder, jedenfalls die Version der berühmten Tränentreiber, kann man auch bei uns kaufen. Und andere Folklore, kasachische oder tadschikische, ist zwar originell, aber nicht jedermanns Geschmack. Zugegeben. Sie sollen ja nicht unbedingt zu Musikschallplatten überredet werden. Doch wer hat schon eine Leninrede oder die Ansprache eines anderen Parteichefs im Originalton im heimischen Plattenschrank. Vielleicht darf es auch die Stimme eines berühmten sowjetischen Schriftstellers sein, der einige seiner Erzählungen oder Gedichte auf Platte gesprochen hat. Also doch eine Auswahl, die nicht alltäglich ist. Außerdem gibt es tatsächlich recht gute Aufnahmen russischer Klassik, daneben sogar einige hervorragende Rock- und Popsängerinnen. Dazu zählt Alla Pugatschowa, die sich eine große Fangemeinde innerhalb der Sowjetunion erworben hat. In Finnland gewann sie bereits eine Goldene Schallplatte, und für den ausländischen Markt produzierte sie auch in englischer Sprache. Warum also nicht einmal sowjetischen Pop und Rock. Sie können überzeugt sein, daß einige der vielen Intourist-Führerinnen, die Ihren Weg kreuzen, sich in der Szene bestens auskennen. Nur Mut. Fragen Sie mal, was gerade »in« ist. Für alle, die es zarter und landesüblicher lieben, sei hier Shanna Bitschewskaja genannt. Die Schreibart ihres Vornamens variiert immer etwas, weil er mit einem Laut beginnt, für den wir keinen eigenen Buchstaben in unserem Alphabet haben. Er klingt wie das *J* in Journalist. Diese Shanna ist eine ungekünstelte Interpretin alter russischer Volkslieder. Sie demonstriert sehr eindrucksvoll mit ihrem Gesang, daß nicht immer polternde Bässe im Russenkittel die authentischen Sänger solcher Volksweisen sein müssen.

Uhren Jetzt wird sich Ihr ungläubiges Staunen zu einem ironischen Lächeln verziehen. Besonders wenn Sie in einem Reiseführer sowjetischer Autoren wörtlich nachlesen können: »Sowjetische Uhren stehen den Schweizer qualitätsmäßig nicht nach und sind entschieden billiger.« Ganz so dick braucht man sicher nicht aufzutragen, zumal sich im Zeitalter der Quarz- und Digitaltechnik sowjetische Hersteller bei der Massenproduktion vergleichbarer Uhren noch schwertun. Schrott und Ausschuß auf diesem Sektor sind bereits von höchster Stelle im Land gerügt worden. Doch Sie sollen ja nicht ein konkurrenzfähiges Souvenir in Form einer Armbanduhr erstehen, sondern sich eine schöne Erinnerung bewahren. Und das kann man mit einer Art sowjetischer Uhren ganz hervorragend. Mit den Taschenuhren, die an Großvaters Zeiten erinnern, aber nur einen Bruchteil der wertvollen Erbstücke kosten. Auf der Rückseite solcher Taschenuhren sind verschiedene Motive in Halbrelief geprägt. Sie reichen von zähnefletschenden Wölfen im Unterholz bis zur Fortschritt verkündenden Lokomotive, die über die Gleise braust.

Geld Das eherne Gesetz, das die Aus- und Einfuhr von sowjetischem Geld verbietet, kennt eine Ausnahme. Sie können als Tourist, allerdings nur in den Beriozkas, den Devisenläden, durchaus Münzsammlungen oder Sonderprägungen kaufen und gegen Vorlage der Rechnung aus dem Land ausführen. Natürlich ist es billiger, wenn Sie einfach Ihr restliches sowjetisches Kleingeld im Portemonnaie aufheben und als Andenken mitnehmen. Es gibt auch in Hartplastik eingeschweißte Sammlungen aller gängigen Kopekenmünzen aus den einzelnen Prägejahren, die in dem Durcheinander von Eintrittskarten, Reisetickets und Abzeichen nicht so leicht verlorengehen. Noch reizvoller sind die Silberrubel – wenigstens sehen sie so aus. Ob zu Puschkins Geburtstag, einem der größten russischen Schriftsteller, oder zum Jahrestag des Fluges von Valentina Tereschkowa, der ersten Frau im All, immer wieder werden solche Prägungen aufgelegt. Meist sind sie schnell vergriffen und dann nur noch gegen harte Devisen und einen Aufpreis zu bekommen. In der erlauchten Reihe dieser Rubelköpfe fehlen natürlich weder Marx noch Lenin, aber der erste russische Buchdrucker Iwan Fjodorow wurde ebenfalls schon gewürdigt. Eine unverständliche Regelung schreibt allerdings vor, daß man Münzkäufe in den Beriozkas bar

»Und wie hast Du heute gearbeitet?« Sowjetisches Plakat zum An-
sporn am Arbeitsplatz

bezahlen muß. Sie sind das einzige Produkt, das man nicht mit einer Kreditkarte erwerben kann.

Plakate In vielen Buchläden finden Sie eine große Auswahl von Plakaten für alle Gelegenheiten. Feiertagsplakate zum 1. Mai oder zum 7. November. Aufrufe zur Betriebssicherheit in der Fabrik. Oder ganz einfach das Gesicht eines augenzwinkernden Herrn, der Ihnen vom Poster herunter die Gewissensfrage stellt: »Und wie hast du heute gearbeitet?« Natürlich sind auch Sammel- und Einzelposter der Politprominenz im Vertrieb. In verkleinertem Format wird das Ganze sogar als Postkartenserie angeboten. Überhaupt sind solche Kartensets recht populär. Sie finden darunter auch passable Reproduktionen der Gegenwartsmalerei. Und wenn Sie die Briefmarke als Miniaturausgabe des Posters betrachten, dann haben Sie in der Sowjetunion reichlich Auswahl an bunten Schöpfungen. Die Vielfalt reicht von Klassikern der Leningrader Eremitage bis zu Kosmonauten im Fluganzug oder in der Raumkapsel. Preiswerter als mit den paar Kopeken für eine Briefmarke werden Sie kaum an die Abbildung eines sowjetischen Raumschiffes kommen.

Ersatzteile Wie kann man in einem Land, in dem der Ersatzteilmarkt nicht klappt, so einen unsinnigen Vorschlag machen, denken Sie jetzt. Gerade darin aber besteht das Geheimnis. Vieles, was bei uns wegen zu hoher Reparaturkosten weggeworfen wird, behält im innersowjetischen Ersatzteilhandel seinen Wert. Vielleicht sind Sie Bastler, suchen für Ihre alten Geräte irgendwelche Spulen oder Röhren, ungewöhnliche Zahnräder oder Schrauben. Ein Blick in die einschlägigen Abteilungen der Kaufhäuser und in kleine Geschäfte unterwegs kann da nie schaden.

Da bisher oft die Rede von den Devisenläden, den

Beriozkas, war, sollen Sie auf einen kleinen Kulturschock bereits in diesem Büchlein vorbereitet werden. Erschrecken Sie nicht, wenn Sie gelegentlich in so einem Laden das Markenzeichen eines weltbekannten bundesdeutschen Versandhauses entdecken. In Zukunft wird man in den Beriozkas aus dem Angebot dieses Versandhandels bestellen können. Der dazugehörige Katalog wird bereits offiziell für umgerechnet etwa 38 Mark an die interessierte Kundschaft verkauft.

Auf keinen Fall sollten Sie in der Sowjetunion Wodka oder Kaviar kaufen. Beides bekommen Sie außerhalb des Landes billiger, und zwar im Supermarkt des nächstbesten Kaufhauses in Ihrer Heimatstadt.

Auf alles übrige werden Sie von selbst stoßen oder von Ihrer Reiseführerin gestoßen werden. Auf die Matrjoschkas, die Puppen in der Puppe, die es in Preislagen zwischen einigen und ein paar hundert Mark gibt; die buntbemalten Holzlöffel, -kistchen, -teller und -tabletts. Die holzgeschnitzten Bären, die sich auf einem Baumstamm gegenübersitzen und mit ihren Äxten abwechselnd auf- und niederschlagen. Ein Mechanismus, der durch dünne Fäden und eine wippende Holzkugel in Gang gehalten wird.

Im Norden der Sowjetunion werden Sie Leder entdecken, das zu Buchmappen, Geldbörsen oder Gürteln verarbeitet ist. Im Süden des Landes finden Sie mit islamischen Motiven ziselierte Kupferteller, minarettschlanke Kaffeekannen und vielfarbig gewebte Atlasseide.

Um das Einkaufen auch richtig auskosten zu können, sind viele Geschäfte und Kaufhäuser bis 21 Uhr geöffnet. Auch samstags wird nicht schon um ein Uhr mittags der Riegel vor die Kaufhaustür gelegt. Und selbst sonntags sind verschiedene Geschäfte geöffnet.

Es lohnt sich also durchaus, die Zeit nach dem Abendessen für einen kleinen Einkaufsbummel zu nutzen. Eine Vorstellung, an die Sie sich wahrscheinlich erst gewöhnen müssen.

Igor, Traktor, Achmed
und andere Namen

Auf jedem sowjetischen Formular entdecken Sie drei Rubriken für Ihren Namen: den Vornamen, den Vatersnamen und den Familiennamen. Und was das Merkwürdigste daran ist, der Familienname scheint in der Sowjetunion am entbehrlichsten zu sein. Wenn sich Ihnen jemand als Boris Nikolajewitsch vorstellt, dann haben Sie es nicht mit Herrn Nikolajewitsch zu tun. Der Mann heißt vielleicht mit Familiennamen Herr Petrow oder Herr Kusnezow. Aber das bürgerliche »Herr« hat man sowieso aus den Umgangsformen gestrichen, wenngleich es gegenüber Ausländern verwendet wird. Und der Familienname bleibt oft auf die Dokumente beschränkt. Was also sind diese zweiten Namen, die bei Männern auf *-itsch* und bei Frauen auf *-na* enden? Sinngemäß hieße nämlich eine Frau zum Beispiel Natalja Nikolajewna. Die *-itschs* und *-nas* bezeichnen nichts Geringeres als den Vaternamen, der in beiden Fällen – wiederum nur mit seinem Vornamen – Nikolaj geheißen haben muß. Gewissermaßen eine sprachliche Reverenz an die ältere Generation.

Nun ist die Bildung mit dem Vatersnamen in der Sowjetunion so populär geworden, daß auch nichtrussische Sowjetbürger sich ein *-itsch* an den Vatersnamen hängen. Wenn Sie also einem Mann namens Dinmuchamed Achmedowitsch begegnen, dann hieß dessen Vater ganz simpel Achmed. Das ist ein im zentralasiatischen

Teil der Sowjetunion recht gebräuchlicher Vorname. Solche generelle Übertragung russischer Formen auf nichtrussische Namen mag ja noch angehen. Schwerer hatte es dagegen eine Generation von Revolutionskindern, deren Eltern im Rausch des sozialistischen Aufbaus so fortschrittliche Namen gewählt haben wie Elektrifikazija oder Traktor. Unter Beibehaltung dieser Tradition würde beispielsweise ein Sohn des Feldmaschinennamens Traktor Traktorowitsch heißen.

Die revolutionäre Phantasie ging aber noch viel weiter. Aus den Anfangsbuchstaben von *M*arx, *E*ngels, *L*enin, *S*talin und *O*ktober-*R*evolution hat man den Vornamen Melsor gebildet, der mit dem Beginn der Entstalinisierung zu Melor verkürzt wurde. Aus dem russischen Namen für Rote Armee, *K*rasnaja *Arm*ija, entstand der Vorname Karm, und das Revolutionskind selbst, zu russisch *Rew*oluzionnoje *dit*ja, ergab den Namen Rewdit.

Heute haben sich solche fortschrittlichen Sprachspielereien überlebt. Mehr noch: Eine staatliche Verordnung erlaubt sogar, die damaligen Modebezeichnungen abzulegen, um einen anständigen Durchschnittsnamen wie Igor oder Jurij zu erwerben. Generell kann man Namensänderungen beantragen, sobald ein Paß ausgestellt wird. Das geschieht frühestens mit 16 Jahren. Doch Namensänderungen müssen begründet sein. Es reicht nicht, daß einem der Name mißfällt.

Eines müssen Sie sich als Ausländer in der Sowjetunion gefallen lassen. Man wird auch Ihren Namen den grammatischen Gepflogenheiten der Sprache anpassen. Das bedeutet: Er wird wie jedes andere Hauptwort dekliniert. Für Westler behält man als Zugeständnis an deren bourgeoise Sitten noch bei, daß man Gospodin Schmidt, also Herr Schmidt, sagt, obwohl jeder normale Sowjetbürger bald nach Ihrem Vornamen fragen wird. In dieser Hinsicht ist der Umgang untereinander fast ebenso unkompliziert wie in Nordamerika. Doch noch sind Sie Gospodin Schmidt, aus dem im Laufe des Gespräches Gospodina Schmidta, Gospodinu Schmidtu, Gospodinom Schmidtom oder Gospodine Schmidte werden kann. Warum das so ist, und welche Bedeutungen sich hinter diesem Wandel verbergen, darüber kann Sie am korrektesten eine russische Grammatik aufklären. Sollten Sie selbst jedoch der besagte Herr Schmidt sein, dann lassen Sie sich versichern, daß trotz all dieser umgeformten Endungen Ihres Familiennamens Ihre Identität unangetastet bleibt.

Doch wie gesagt, man geht schnell zum Vornamen über, wobei je nach Vertraulichkeit das Sie oder Du gepflegt wird. Denn auch diese Unterscheidung hat das Russische mit dem Deutschen gemeinsam im Unterschied zu anderen Weltsprachen.

Was nun die hohe Schule der korrekten Anrede betrifft, so können Sie als Ausländer ganz gehörig ins Fettnäpfchen stapfen. Einen Polizisten als Gospodin Milizionär anzusprechen, wäre eine Versündigung gegen die Etikette der proletarischen Gesellschaft. Er heißt natürlich Towarischtsch Milizionär, also Genosse Milizionär. Sie können übrigens alle offiziellen Würdenträger von Staat und Partei mit ihrer Funktionsbezeichnung und einem davorgesetzten »Genosse« anreden, ohne die guten Sitten zu verletzen. Also Genosse General, Genosse Minister, Genosse Abteilungsleiter. In diesem Zusammenhang taucht auch wieder der oben vermißte Familienname auf. Auch die Anrede Genosse Petrow ist korrekt.

Um es Ihnen in diesem Wirrwarr gesellschaftlicher Regeln leichtzumachen, werden vor allem die staatlichen Reiseführerinnen anbieten, sie nur beim Vornamen zu nennen. Und der wird in 99 von hundert Fällen auch in den kommenden Jahren Natascha lauten. Aus Gründen der Einfachheit unterschlägt man hier den Vatersnamen, weil sich Ausländer doch nicht so schnell daran gewöhnen könnten.

Allerdings hält die Landessitte noch manche Überraschung im Umgang der Menschen miteinander bereit. So sieht man beispielsweise im Fernsehen den Reporter, der über das Feld auf eine Gruppe bulliger Kolchosarbeiter zustiefelt und den gestandenen Männern zuruft: »Nun *Kinder*, wie steht's mit eurer Arbeit?« Oder aber in einem Geschäft. Ungeduldige Kundinnen drängen die Verkäuferin, immerhin eine Frau in reifen Jahren: »*Mädchen*, mach mal ein bißchen schneller!« Erwachsene Männer müssen sich auf der Straße die Anrede *Junger Mensch* gefallen lassen. Irgendwie bleibt man wenigstens der Anrede nach bis in das Erwachsenenalter ein Kind. Und aus der Kindheit bewahren die meisten Leute ihre Kosenamen, die an Vielfalt kaum zu überbieten sind. Wenn jemand Sascha, Sanja, Schura, Saschenka oder Saschetschka gerufen wird, dann heißt er mit offiziellem Vornamen Alexander oder aber Alexandra. Das Verwirrende an manchen Kosenamen ist nämlich, daß sie für Jungen und Mädchen gleich lauten. Doch diese hohe Schule der Namenskomplexität sollen Sie jetzt nicht durchlaufen. Es reicht vielleicht, wenn Sie von einigen wichtigen Kosenamen, die Sie wahrscheinlich immer wieder zu hören bekommen, einmal die richtige Ausgangsform erfahren. *Natascha* also, um bei einer der ersten und wahrscheinlich häufigsten Begegnung zu bleiben, stammt von *Natalija*. Hinter *Mascha* verbirgt sich *Marija*. *Tanja* gehört zu *Tatjana* und *Nadja* zu *Nadjeschda*. Soweit die Mädchen. Der allgegenwärtige *Iwan* heißt in der Koseform *Wanja*. *Wladimir* wird zu *Wolodja*. *Konstantin* heißt zärtlich *Kostja*. Aus *Michail* entsteht *Mischa*. *Mstislaw* wird zu *Slawa* und *Nikolaj* schließlich zu *Kolja*.

Vielleicht erfüllt es jetzt noch Ihren hier unbefriedigt gelassenen Wunsch nach Vollständigkeit, wenn Sie erfahren, daß es sogar ein eigenes Wörterbuch für diese Vornamen gibt. Weit über 20000 Bezeichnungen sind dort aufgelistet. Bei den Familiennamen geht es ebenfalls vielfältig zu. Dennoch gibt es auch in der Sowjetunion viele Allerweltsnamen wie Meier, Müller, Schulze, Schmidt, die ganze Seiten in engbedruckten Adreßbüchern füllen würden. Wörtlich übersetzt heißt der Schmied übrigens im Russischen Kusnez, und dementsprechend ist *Kusnezow* einer der häufigsten Familiennamen. Zum Verwechseln oft hört man aber auch Iwanow, Petrow, und sogar Namensvetter der großen Schriftsteller wie Puschkin und Lermontow sind heute noch zu finden.

Seien Sie aber nicht erstaunt, wenn sich jemand in der Sowjetunion als Emilie Schneider, Pauline Klein oder Friedrich Roth vorstellt. Ebenso treffen Sie wirklich auf die besagten Meier, Müller, Schulze und Schmidt. Das sind Vertreter deutscher Nationalität, die im Sowjetreich leben.

Auch andere Nationalitäten lassen sich häufig am Namen erkennen. Alles, was auf *-wili* endet, stammt vermutlich aus Georgien wie Dschugaschwili oder Menteschaschwili. Entsprechend charakterisiert die Endung *-ian* eine armenische Herkunft wie bei Gregorian, Arakelian oder Ioanisian. Entdecken Sie gehäufte Umlaute in einem Namen, also *ä, ö* oder *ü* wie in den Namen Gazymzadä, Hüseyn oder Rüstämov, dann handelt es sich mit großer Wahrscheinlichkeit um Vertreter solcher Nationen, die eine Turksprache benutzen wie die Aserbeidschaner. Und Vornamen wie Achmed, Ghafur, Abdulla oder Kamil weisen auf die zentralasiatischen Republiken, wo sich die großen Siedlungsgebiete islamischer Kultur befinden.

Nun noch ein Sprung in den Norden, zu den baltischen Republiken. Dort kann es am Namensende zischen. Wenn Sie vor dem großen Lenindenkmal in Vilnius, der Hauptstadt Litauens, stehen, werden Sie zu Ihrem Erstaunen bemerken, daß der Staatsgründer hier seinen Namen in *Leninas* abgeändert hat. Damit haben Sie auch gleich das Erkennungsmerkmal eines litauischen Familiennamens, *-as*, identifiziert.

Ähnlich ist es in der Nachbarrepublik Lettland. Zur Illustration dient hier am besten der deutsche Gelehrte Johann Gottfried Herder, der im 18. Jahrhundert in Riga, der Hauptstadt der heutigen lettischen Sowjetrepublik, gelebt hat. Der berühmte Bürger wird mit einem Denkmal vor dem wuchtigen Backsteindom gewürdigt, auf dem sein Name in der landesüblichen Fassung eingraviert ist: *Johans Gotfrids Herders*.

Natürlich neigen auch die Sowjetbürger dazu, aus beruflichen oder familiären Gründen hin und wieder die angestammte Heimat ihrer Väter zu verlassen. Die Nationalitäten vermischen sich, und so wandern auch die charakteristischen Namen quer durch das Land.

Wenn man bedenkt, daß im bundesdeutschen Ruhrgebiet ein waschechter Kumpel lebt, der auf den Namen Koszcinski hört, und es in Warschau Polen namens Hofmann gibt, dann kann man sich vorstellen, daß es bei den noch viel größeren Entfernungen zwischen

Das Johann-Gottfried-Herder-Denkmal in der lettischen Hauptstadt Riga

JOHANS
GOTFRIDS
HERDERS

✳

1744 – 1803

Kiew und Irkutsk zu ebenso verblüffenden Namenswanderungen kommt. Auf jeden Fall sind Namen eine spannende Entdeckungsfahrt in die Vergangenheit, gut für Fachleute wie für historisch interessierte Touristen.

Für letztere ist auch wichtig, was sich hinter den Decknamen verbirgt, die besonders während des Zarismus für die Revolutionäre zur überlebenswichtigen Modeerscheinung geworden waren. Natürlich wissen Sie längst, daß Wladimir Iljitsch Uljanow der sowjetische Staatsgründer ist, der unter dem Decknamen Lenin weltberühmt wurde.

Bei Jossip Wissarionowitsch Dschugaschwili wird es auch für jüngere Sowjetbürger schon etwas schwieriger. Seitdem der Herr in Ungnade gefallen war und nur behutsam wieder einen Platz im historischen Gefüge der Sowjetmacht zugewiesen bekam, erinnern sich nicht mehr alle daran, daß sich hinter diesem georgischen Namen der Diktator Stalin verbirgt.

Noch komplizierter wird es bei Leo Dawidowitsch Bronstejn. Er war zwar engster Vertrauter von Lenin und baute die Rote Armee auf, doch mußte er wegen ideologisch abweichender Ansichten später das Land verlassen. Seither wird er von der sowjetischen Geschichtsschreibung geächtet. Sein Deckname, unter dem er auch im mexikanischen Exil ermordet wurde, war Trotzki.

Die Revolution hat aber in anderen Bereichen gleichfalls für neue Benennungen gesorgt. Moskauer Schokolade etwa wird nun in der »Experimentellen Konditoreifabrik Roter Oktober« hergestellt, die obendrein für ihre köstlichen Produkte mit dem Leninorden ausgezeichnet wurde. Der russische Originalname ist selbst für den Laien ohne weiteres zu verstehen: *Ordena Le-*

nina eksperimentalnaja konditerskaja fabrika »Krasnij Oktjabr«.

Sollten Sie bei Ihrem Besuch von einem Kälteeinbruch überrascht werden, dann decken Sie sich am besten mit einem Produkt der Leningrader Firma »Rot-Front« ein, die preiswerte Schapkas aus Kunstfell vertreibt.

Bei soviel revolutionärer Namensgebung kann natürlich eine Waffenschmiede namens »Bolschewik« nicht fehlen. Ähnlich markig klingen aber auch die Namen von Sport- und Fußballclubs wie »Torpedo«, »Dynamo« oder »Spartak«.

Städte- und Straßennamen lesen sich in der Sowjetunion zuweilen wie ein Lexikon der kommunistischen Bewegung. Aus den Reihen der Parteioberen haben es bislang Lenin, Breschnjew, Andropow und Tschernenko zu der Ehre gebracht, daß eine Stadt nach ihnen benannt wurde. Stalin mußte bekanntlich wieder einem unpolitischen Flußnamen weichen. Chruschtschow blieb bis heute verschwiegen im Hintergrund. In offiziellen Darstellungen erinnert man sich vorrangig seiner wirtschaftspolitischen Fehler.

Weniger auffällig sind für Außenstehende Städtenamen wie Toljatti, Zentrum des sowjetischen Automobilbaus, wo der bei uns als »Lada« bekannte Schiguli hergestellt wird. Die ehemalige russische Stadt Stawropol wurde nach dem italienischen Kommunistenführer Palmiro Togliatti umbenannt und aussprachegerecht im Russischen als Toljatti wiedergegeben.

Aus Samara wurde in den dreißiger Jahren Kuibyschew, genannt nach einem ranghohen Politiker, der Mitglied der obersten Parteiführung, des Politbüros, war und bis in die Zeit der großen Säuberungen als enger Mitarbeiter Stalins galt.

Im Gedenken an einen anderen Zeitgenossen von damals, Sergej Kirow, der ursprünglich Kostrikow hieß, erhielt nach seinem Tod die Stadt Wjatka seinen Namen. Dieser Ort hatte in früheren Jahrhunderten unter der Bezeichnung Chlynow firmiert. Wer jetzt ein Register anlegen möchte, kann bei soviel Doppel- und Decknamen verzweifeln.

Trotzkis Nachfolger als Kriegskommissar hatte mit seinem politischen Schicksal mehr Glück. Seine Heimatstadt, die ursprünglich Pischpek hieß und jetzt Hauptstadt der kirgisischen Sowjetrepublik ist, trägt seinen Namen Frunse.

Auch Marx (russisch: Marks; mehr darüber im Sprachkapitel) und Engels haben zur Aktualität sowjetischer Städtenamen beigetragen. Sie liegen nahe beieinander im Wolgagebiet, das ohnehin viele Namensträger aus der jüngsten Geschichte der Sowjetunion beherbergt.

Natürlich fehlt in keinem Ort ein Leninplatz oder eine Leninstraße. Ebenso tauchen viele Namen früherer Genossen mit schöner Regelmäßigkeit quer durch die Republiken als Straßennamen auf.

Nun gilt es noch, für alle unternehmungslustigen Geister eine Warnung anzubringen. In der Hauptstadt Moskau wird allein neunmal des revolutionären Oktobers gedacht, des Revolutionsmonates, der nach der Kalenderreform im November gefeiert wird. Folgende Varianten bietet Ihnen der Stadtplan zur Auswahl:

Oktoberplatz (Oktjabrskaja ploschtschadj)
Oktoberstraße (Oktjabrskaja uliza)
Oktobergasse (Oktjabrskij pereulok)
Straße des Oktoberfeldes (uliza Oktjabrskogo polja)
Straße des 10. Oktoberjahrestages (uliza 10-letija Oktjabrja)

Straße des 25. Oktober (uliza 25-ogo Oktjabrja)
Prospekt 40 Jahre Oktober (prospekt 40-let Oktjabrja)
Platz des 50. Oktoberjahrestages (ploschtschadj 50-letija Oktjabrja)
Prospekt des 60. Oktoberjahrestages (uliza 60-letija Oktjabrja)
In diesen Fällen treffen Sie Ihre Verabredung am besten ganz genau. Sonst wird der Taxifahrer, dem Sie etwas von Oktoberstraße oder -platz zurufen, kaum bereit sein, mit Ihnen loszufahren. Denn die vielen namensähnlichen Lokalitäten liegen in Moskau weit verstreut.

Übrigens werden in der sowjetischen Hauptstadt noch andere Feiertage mit eigenen Straßennamen gewürdigt. So kann man durch die Straße des 800. Jahrestages der Gründung Moskaus schlendern, oder Sie machen eine Fahrt zurück in das Jahr 1812. Die Jahreszahl allein reicht den Moskowitern als Name, denn sie erinnert an den Napoleon-Feldzug gegen Rußland. Auch 1905 ist als Straße und als Metrostation vertreten. Gemeint ist die erste mißglückte Revolution, der blutige Sonntag, in Petersburg, dem heutigen Leningrad.

Schließlich gibt es auch noch eine Straße des 8. März. Doch was für eine Bewandtnis es mit diesem Datum und anderen wichtigen Feiertagen in der Sowjetunion hat, erfahren Sie in einem späteren Kapitel.

Von schtrejkbrecher
bis zejtnot

Stellen Sie sich bei Ihrem Besuch in der Sowjetunion gelegentlich zu einer Gruppe fanatischer Schachspieler, die Sie in vielen öffentlichen Parks finden. Auf der Erde ist ein großes Schachbrettmuster eingelassen. Die Spieler starren mit Anstrengung auf die Figuren. Irgendwann beginnt das Wispern der Zuschauer, die sich mit ihren wohlmeinenden Kommentaren nicht immer zurückhalten können. Auch wenn Sie kein Wort verstehen, zuckt es plötzlich in Ihrem Hirn. Hat dort nicht jemand das Wort »Zeitnot« benutzt? Fiel nicht der Begriff »Endspiel«? Beruft sich da jemand auf einen »Großmeister«? Sie haben richtig gehört. Diese deutschen Ausdrücke gibt es im Russischen. Sie werden häufig benutzt und unterscheiden sich von ihren Vorbildern nur in der Orthographie und gelegentlich in der Lautfärbung bei der Aussprache. Wenn man also diese populären Lehnwörter »zurückübersetzt« in lateinische Buchstaben, dann sehen sie folgendermaßen aus: *zejtnot, endschpilj, grosmejster*. Angesichts bevorzugter Themen aus kapitalistischen Ländern ist im Fernsehen und im Radio auch häufig die Rede von den *schtrejkbrechery*, womit natürlich die »Streikbrecher« gemeint sind. Das ganze Unwesen heißt auf Russisch *schtrejkbrecherstwo*, was man etwas schwerfällig mit »Streikbrechertum« zu übersetzen hätte. Sie merken schon, daß all diese russischen Wörter, die Ihnen so geläufig in

130

das Ohr gehen, klein geschrieben werden. Das hat die russische Sprache mit vielen anderen gemeinsam: Groß werden nur Namen und Satzanfänge sowie einige berühmte Kürzel geschrieben, über deren Bedeutung Sie noch aufgeklärt werden. Es gibt recht verblüffende Fälle von Lehnwörtern, die in Ihrem touristischen Dasein in der Sowjetunion durchaus eine Rolle spielen können. Falls Sie etwa bei Rot über die Straße laufen und der Milizionär nicht gerade gelangweilt in die entgegengesetzte Richtung starrt, dann muß er zwangsläufig seines Amtes walten und Sie mit einer *schtraf* belegen. So heißt offiziell die »Geldstrafe« in der Sowjetunion. Nach den Gesetzen der russischen Sprache sind Sie dann der *schtrafnik,* also derjenige, der die Buße zahlen muß. Eine andere Verwendung, für den Reisenden freilich ohne praktische Bedeutung, meint mit *schtrafnik* den Angehörigen eines militärischen Strafbataillons. Um die grammatischen Reize der fremden Sprache voll auszukosten, sei vermerkt, daß der ganze Vorgang unter *schtrafowatj,* also »eine Geldstrafe auferlegen«, im Wörterbuch zu finden ist. Bei dem Wort *jefrejtor* werden Sie wahrscheinlich an die ostpreußische Dialektfärbung erinnert und vermuten hinter diesem Ausdruck zu Recht den gemeinen Soldaten im untersten Dienstrang. Natürlich gibt es auch den vorgesetzten *lejtenant* und den militärischen *schtab* für Entscheidungsfragen. Der *schtabrotmistr,* mit etwas Mühe noch als »Stabsrittmeister« zu erkennen, hat natürlich ausgedient, in der militärischen Praxis wie in der russischen Sprache der Gegenwart.

Lebendig blieb dagegen ein Germanismus, der geradezu auf einprägsame Weise die charakterliche Eigenart seiner Muttersprachler belegt haben mag: *schturm,* was »Sturmangriff« auf russisch bedeutet. Die davon gebildete Verbform *schturmowatj* dient allerdings auch zivilen Zwecken, wenn es gilt, vor Ende eines laufenden Jahresplans die gesteckten Produktionsziele unter Aufbietung aller Kräfte doch noch zu erreichen. Für diese Arbeitsperiode, die dazu dient, Unaufholbares aufzuholen, haben die reichen Wortbildungsmöglichkeiten des Russischen den klangvollen Ausdruck *schturmowschtschina* geschaffen. Nebenbei bemerkt: Produkte aus dieser hektischen Entstehungsphase kurz vor Planschluß genießen unter der kenntnisreichen Käuferschaft im Sozialismus einen schlechten Ruf. Erfahrene Konsumenten versuchen daher, möglichst das Herstellungsdatum der Produkte ausfindig zu machen.

Von den deutschen Lehnwörtern und deren Ableitungen existieren im Russischen einige tausend. Fachleute haben genügend davon gesammelt, untersucht und klassifiziert. Während in der Umgangssprache nur einige hundert wirklich lebendig sein dürften, haben die deutschsprachigen Elemente im technischen Russisch Hochkonjunktur. *Bildaparat, glasur, schteker, schtift* und *mesur* dürften mehr oder minder einfach als »Bildapparat«, »Glasur«, »Stecker«, »Stift« und »Meßuhr« zu erkennen sein. Begriffe, die für Fachleute sozusagen zum Handwerkszeug gehören.

Der Mann auf der Straße wird dagegen problemlos wissen, wovon Sie reden, wenn Sie den »Rucksack«, das »Zifferblatt«, den »Schlagbaum«, den »Punkt« oder das »Edelweiß« erwähnen. Ein viel strapazierter Ausdruck ist *jarmarka,* was Sie in Verbindung mit den Ereignissen schnell als »Jahrmarkt«, aber auch als »Verkaufsausstellung« verstehen werden. Und schließlich soll der »Krach« nicht unerwähnt bleiben, der im Russischen genauso heißt, egal ob es sich dabei um eine Familienfehde oder um den geschäftlichen Zusammenbruch einer Bank handelt. Sollten Sie vielleicht von Beruf zufällig Buchhalter sein, dann bedarf Ihre Tätigkeit auch nicht der Übersetzung. Mit einer kleinen lautlichen Variante wird man Sie im Russischen korrekt als *buchgalter* bezeichnen können.

Eine besonders wichtige Entlehnung aber sollten Sie bei allem Schmunzeln ernst nehmen und sich für die Dauer Ihrer Reise aneignen: *buterbrod*, das »Butterbrot«. Dahinter verbirgt sich in der Sowjetunion nicht einfach ein Stück Brot, das mit Butter bestrichen ist, sondern eine mit Käse oder Wurst belegte Schnitte. In Ihrer hungrigen Verzweiflung können Sie also durchaus in einem Restaurant oder Buffet nach einem *buterbrod* fragen. Hingegen wird unsere deutsche Variante vom Butterbrot im Russischen – wörtlich übersetzt – als Brot mit Butter umschrieben, wobei die hübsche Verdoppelung »Butterbrot mit Butter« (*buterbrod s maslom*) auftauchen kann. Das ist eine Folge der Tatsache, daß die belegten Brote nach Landessitte mit Käse oder Kaviar garniert werden, ohne mit Butter bestrichen zu sein.

Um die Verwirrung zu vollenden, sei noch darauf hingewiesen, daß man eine Imbißstube, zu gut deutsch die Snack-Bar, gleich in der Nähe des Roten Platzes in Moskau an der werbenden Aufschrift *buterbrodnaja* erkennt. Na ja!

Sprachinteressierte werden schnell herausfinden, daß auch andere Kulturen ihre sprachlichen Spuren hinterlassen haben. Bis zum Ende des 19. Jahrhunderts war das ganz besonders Französisch. In neuester Zeit gewinnt Englisch an Bedeutung. Jugendliche, die aus besserem Haus kommen und etwas auf sich halten, bezeichnen sich selbst gerne in Anlehnung an den Begriff *high life* als *hajlajfisti*. Sie tragen selbstverständlich *dschinsy*, womit Jeans ausländischer Produktion gemeint sind. In der Sowjetunion geht man auch auf einen *koktejl* in die *bar*, hört sich *pop-musika* an, und wer allzu ausgeflippt rumläuft, ist schnell als *chippi* abgestempelt. Erinnern Sie sich an die bewegten Jahre der Blumenkinder, die man auch bei uns seinerzeit als Hippies bezeichnete?

Selbstverständlich wehren sich Puristen, denen solche Sprachentwicklung zuwider ist. Das hat nicht unbedingt ideologische Gründe. So polemisierte ein gewisser Herr Jakowlew vor Jahren in einer Broschüre gegen die »Aushöhlung der russischen Kultur und Sprache«, ohne daß er beispielsweise die Sportreporter davon abbringen konnte, auch weiterhin beim Boxen vom *klintsch* (engl. *clinch*) zu sprechen. Auch das *dribling* (engl. *dribbling*/dt. Dribbeln) blieb der russischen Sprache erhalten. Ebenso der *autsajder* (engl. *outsider*/dt. Außenseiter), dessen Bedeutung eine merkwürdige Weiterentwicklung durchgemacht hat. Denn mit dem *autsajder* ist nicht nur ein Sportler gemeint, der mit seinen Leistungen regelmäßig auf den unteren Rängen landet, sondern auch das kapitalistische Unternehmen, das keinem Monopol angehört.

Es gab in der Tat während der Nachkriegszeit eine kurze Phase, in der die Sprache von fremden Elementen gereinigt werden sollte. Damals fiel das originell anzusehende Wort *golkiper* (engl. *goal-keeper*/dt. Torwart) einem selbstgemachten russischen Begriff zum Opfer. Doch heute wird der *golkiper* wieder in den Wörterbüchern verzeichnet. Er hat die Säuberungswelle heil überstanden.

Daneben erscheinen viele internationale Ausdrücke im Russischen, die Ihnen ohnehin aus Ihrer Muttersprache geläufig sein dürften. Sie sind auch eine wirksame

Hilfe für jeden Sprachanfänger, um sich wenigstens notdürftig zurechtzufinden.

Wenn auf einem großen Plakat zu lesen steht (vorausgesetzt, Sie haben die notwendigen kyrillischen Buchstaben schon gelernt), *dokumentalnij film*, dann wissen Sie, daß es sich um kein Liebesdrama handelt. Auch viele andere Wörter wie *dezentralisazija, biologija, geologija, religija* und *kanalisazija* sollten Ihnen wenigstens auf den zweiten Blick verständlich sein. Wie Sie selbst sich dagegen verständlich machen, erfahren Sie im folgenden Kapitel.

Russisch für Anfänger

Wenn Sie bereits ausreichend Russisch für eine leichte Konversation beherrschen, dann können Sie getrost die folgenden Seiten überspringen. Wichtig jedoch ist der sprachliche Exkurs für alle, die während der Reise in einer dringlichen Situation verzweifelt vor zwei Türen stehen und nicht wissen, welche den Weg zum angemessenen Örtchen öffnet. Denn nicht immer ziert eine bildliche Darstellung die Tür, sondern – im Grunde alltäglich – ein Buchstabe. Um es einfach zu machen: Erkennen Sie ein *M*, dann sind damit die Männer gemeint. Denn dieses Zeichen ist im kyrillischen und lateinischen Alphabet gleich. Überdies beginnt auch noch das russische Wort für Männer mit eben demselben Buchstaben wie im Deutschen. Nun bleibt für die Damen keine andere Wahl, als einfach die andere Tür zu benutzen. Das entsprechende Schriftzeichen könnte Sie etwas verwirren, denn es erinnert an ein dreibeiniges Figürchen, das beide Arme nach oben streckt, als wolle es sich ergeben. Jetzt wissen Sie, daß es vertraute und völlig fremde Schriftzeichen gibt. Das Tückische an der Sache sind jedoch solche Buchstaben, die Ihnen zwar vertraut erscheinen, aber im Russischen völlig anders ausgesprochen werden. Das Wort *MOCKBA* können Sie schon als *Moskwa*, also Moskau erkennen. So heißt nicht nur die sowjetische Hauptstadt, so heißt auch der Fluß, der sich durch die Stadt zieht. Sie merken auch, daß im Russischen der Stadtname etwas anders klingt als in Deutsch. Auch München und Wien werden beispielsweise von den Engländern zu Munich und Vienna umgeformt. Bei der russischen Schreibweise *MOCKBA* entdecken Sie hinten im Wort ein *B*, das in lateinischen Buchstaben als *W* wiedergegeben wird. Mit diesem kyrillischen *B*, also bei uns *W*, hat es eine besondere Bewandtnis, deren Nichtbeachtung zu fatalen Schlußfolgerungen führen kann. Wir sind daran gewöhnt, daß der Buchstabe *W* recht weit hinten im Alphabet rangiert. Bei einer entsprechenden Auflistung von Namen würde man beispielsweise einen Mann namens Worotnikow alphabetisch ziemlich am Schluß plazieren. Anders dagegen im Russischen. Das dortige laut- und bedeutungsgleiche Zeichen *B* gehört im russischen Alphabet bereits an die dritte Stelle, und demnach rangiert Herr Worotnikow (den es übrigens wirklich in hoher Position gibt) entsprechend weit oben auf einer alphabetischen Namensliste. Da nun viele Verlautbarungen für die informationshungrigen Ausländer in englischer Sprache verbreitet werden, besteht bei mangelnder Kenntnis der orthographischen Hierarchie des Russischen die begründete Gefahr, dem Herrn Worotnikow wachsenden politischen Einfluß nachzusagen, obwohl seine vorgerückte Namensnennung eben nur alphabetisch bedingt ist. Denn für die englische Übersetzung wird nicht die kyrillisch bedingte Reihenfolge geändert.

Das ist ein Unterschied, der fast symbolhaft die Probleme bei der Verständigung – auch der politischen – mit der Sowjetunion charakterisiert. Die Hierarchie des Denkens, die Rangfolge von Werten, ist einfach anders, obwohl sie ähnliche und teilweise dieselben Kategorien umfaßt wie bei uns.

Doch zurück zum Ausgangspunkt, zu den kleinen verwirrenden Sprachzeichen. Wenn Sie einmal die Hemmschwelle überwunden haben, daß kyrillische Buchstaben dem unerklärbaren Bereich von Geheimkodes zuzuordnen sind, dann können Sie sich schnell eine ganze Reihe von Wörtern selbst erschließen.

Unverzüglich erkennen Sie nun den *TAKT*, der musikalisch wie auch bei zwischenmenschlichen Umgangsformen in der Sowjetunion dieselbe Rolle spielt wie in anderen Ländern. Auch der *KAKAO* dürfte kaum Schwierigkeiten bereiten. Eine kleine Umgewöhnung erfordert dagegen der *KOHTAKT*. Hier ist das *H* kein Druckfehler, sondern das russische Sprachzeichen für unser *N*. Mit diesem Lernschritt wissen Sie auch den Begriff *COHATA*, die Sonate, zu entziffern. Denn bei dem berühmtesten aller sowjetischen Ortsnamen, bei *MOCKBA*, haben Sie bereits erraten, daß dem kyrillischen *C* unser *S* entspricht. Zwangsläufig kann dann *KOCMOC* nur der Kosmos sein, Ausgangsbegriff für die Kosmonauten, die in der westlichen Hemisphäre Astronauten getauft wurden.

Mit etwas Überlegung kommen Sie auch schnell dahinter, daß die Buchstabenverbindung *TEKCT* das meint, womit Sie Ihre Augen gerade beschäftigen, nämlich den Text.

Jetzt wird es noch ein wenig komplizierter. Denn gerade haben Sie sich über die lautliche Verbindung von -*KC*- im russischen Wort *TEKCT* gewundert, für das bei uns ein *X* steht. Und dieses *X* steht im Russischen wiederum für unseren (A)ch-Laut. Das ist nun schon das reinste *XAOC*. Sie haben richtig getippt: es ist nichts anderes als das Chaos gemeint. Jetzt gilt es noch zwei Klippen zu nehmen, und Sie werden von den ersten Strapazen des neuen Alphabets erlöst – es sei denn, Sie quälen sich mit Hilfe eines Sprachführers freiwillig weiter.

Unvorbereitet stolpern Sie noch über das Wort *XAPAKTEP* und können zunächst gar nichts verstehen, obwohl doch alle Buchstaben vertraut erscheinen. Vielleicht hilft eine kurze Rückerinnerung an die Schulzeit. Nein, nicht an den Sprachunterricht, es sei denn, Sie haben früher Griechisch gelernt. Aber bei der Mathematik hat es die meisten von uns getroffen. Dort gab es ein kleines *p*, das wir als *rho* bezeichnet haben. Und so ist es auch im Russischen. Das *P* im Wort *XAPAKTEP* müssen Sie als ein *R* sprechen. Beim zweiten Anlauf haben Sie es dann vielleicht herausgebracht. Richtig, es geht um den Charakter. Mühelos sollten Sie jetzt den *MOTOP* erkennen, also den Motor, von dem ein jedes Auto angetrieben wird. Hier wie dort. Dazu paßt noch gleich der *XPOM*. Na, was ist das? Jawohl, der glänzende Chrom, der auch von sowjetischen Autonarren poliert und gepflegt wird, als gäbe es keine anderen Werte auf der Welt.

Auch der *POMAH*, bei den lesefreudigen Russen sehr wichtig, macht nun keine Schwierigkeiten. Oder doch? Es ist der Roman, der Ihnen so unvertraut ausschaut. Mit demselben Wissensstand entziffern Sie auch den *KPAH*. Zur Bestätigung: gemeint ist der Kran, an dem Sachen hängen und umhergeschwenkt werden. Schließlich lesen Sie irgendwo in scheinbar unverständlicher Abkürzung das Wort *METP*, das haargenau unserem Meter entspricht.

Zu guter Letzt geht es um das Geld. Wichtigstes Element Ihrer neuerworbenen Sprachkenntnisse wird das Wort *KACCA* sein. Sie zögern? Na klar, die Kasse. Unter dieser Aufschrift müssen Sie sich zum Bezahlen im Geschäft anstellen. Auf dem kleinen Zettel, der Ihnen dort ausgehändigt wird, steht dann die *CYMMA*. Das kann nichts anderes als die Summe sein. Aber jetzt haben Sie doch wieder etwas gestockt. Wieso erscheint da plötzlich ein *Y*? Antwort: Hinter dem russischen *Y* versteckt sich unser vertrautes *U*. Nun kann Ihnen in kyrillischer Schreibweise niemand mehr ein *KC* für ein *Y* vormachen – denken Sie. Doch hier ist trotz Ihrer schweißtreibenden Mühen während dieser Zeilen eine Enttäuschung leider unvermeidlich. Das Dutzend russischer Buchstaben, das Sie jetzt beherrschen, reicht nicht ganz aus. Für die unterschiedlichsten Zischlaute, für Härte- und Weichheitszeichen, für Halb- und jotierte Vokale sowie für alle auch in unserer Sprache gängigen Konsonanten hält das kyrillische Alphabet noch zwanzig weitere Zeichen bereit. Außerdem wird Ihnen aufgefallen sein, daß sämtliche russischen Wörter, die Sie bislang entziffert haben, in Großbuchstaben gedruckt sind. Bei den Kleinbuchstaben und der Schreibschrift geht es wieder etwas anders zu. Aber auch dabei werden Sie von Ihren bisherigen Kenntnissen profitieren.

Jetzt sollen Sie mit einem zweiten Charakteristikum der russischen Sprache der Gegenwart vertraut gemacht werden. Selbst wenn die Intourist-Führerin auf deutsch mit ihren Erklärungen beginnt, wird sie wie selbstverständlich das ZK der KPSS erwähnen. Auch vom GUM oder vom GORISPOLKOM kann die Rede sein.

Diese Kürzelsprache ist Allgemeingut, und es vergeht kein Jahr, in dem nicht neue Verstümmelungen der normalen Umgangssprache auftauchen, um die langen Wortbildungen im Russischen zusammenschmelzen zu lassen.

Fortgeschrittene Liebhaber dieser Zungenbrecher argumentieren gerne mit der Schwierigkeit, daß Parteireden oder öffentliche Auftritte von Funktionären und Politikern einfach zu lange dauerten, wollte man auf alle Abkürzungen verzichten. Ein anschauliches Beispiel dafür liefert das »Büchlein des Parteiaktivisten«. Dort ist die Rede von einer Resolution des ZK der KPSS, des Ministerrates der SSSR, des WZSPS und des ZK des WLKSM. Aufgelöst müßte dort stehen: Eine Resolution des Zentralkomitees der Kommunistischen Partei der Sowjetunion, des Ministerrates der Union der Sozialistischen Sowjetrepubliken, des Zentralen Allunionskomitees der Gewerkschaften und des Zentralkomitees des Leninschen Kommunistischen Jugendverbandes. Die Sprachökonomen haben offensichtlich recht.

Wer in Moskau ein Telefon besitzt, muß beispielsweise sein Geld an das MTZUMS überweisen. Dahinter verbirgt sich die Moskauer Zentralverwaltung für inländische und ausländische Telefonverbindungen.

Einem Aufdruck auf einer Dose Kondensmilch können Sie entnehmen, daß deren Produktion vom MINMJASOMOLPROM kontrolliert wird. Damit ist das Ministerium für Fleisch- und Milchindustrie gemeint. Die Tabakindustrie dagegen hinterläßt auf den Zigarettenschachteln ihr Copyright mit der Abkürzung ROSTABAKPROM. Die Endung PROM besagt immer »Industrie«. Solche Erkennungsmerkmale tauchen häufig auf. MASCHINOIMPORT bezeichnet selbstverständlich ein Unternehmen, das Maschinen importiert. In umgekehrter Richtung arbeitet TRAKTOROEXPORT. Diese Firma versucht, Landmaschinen im Ausland zu vertreiben. STROJMATERIALINTORG besagt, daß sich dieser Geschäftszweig mit dem Handel von Baumaterial beschäftigt. Denn TORG ist die Abkürzung für Handel. Firmenvertretern sind diese Abkürzungen bereits geläufig. Dem Touristen begegnen dagegen schon nach kurzem Aufenthalt immer wieder Wortverbindungen mit einem GOS als Anfangssilbe. Dieses GOS steht für *gossudarstwennyj* und bedeutet »staatlich«. Was ist dann die GOSBANK, selbstverständlich die Staatsbank, GOSPLAN die staatliche Planungsbehörde, und GOSTORG ist der Staatshandel.

Kommunistische Parteien anderer Länder werden in den Nachrichten zu KOMPARTIJA verkürzt, und das Exekutivkomitee einer sowjetischen Stadt ist jedem Bürger als GORISPOLKOM geläufig. Böse Zungen behaupten, je länger eine Buchstabenverbindung im Russischen ausfällt, um so eher sei anzunehmen, daß es sich dabei um eine Abkürzung handele.

Wie Sie sehen, werden Wortteile zu neuen Wörtern zusammengezogen, oder aber man benutzt nur die Anfangsbuchstaben einer Serie von Ausdrücken als eine auch in unserem Sinn echte Abkürzung. Dazu gehört die WDNCH, in die Sie als Tourist in jeder Republikshauptstadt unweigerlich gelotst werden. Das ist eine Ausstellung über die Errungenschaften der Volkswirtschaft: Traktoren, Flugzeuge, Baumaterial, die größten Maiskolben und die dicksten Zitronen der Welt. Alles wird in eindrucksvoller Präsentation vorgeführt. Unter Umständen hören Sie auf Ihrer Fahrt auch vom DOSAAF, dem militärsportlichen Jugendverband, der überall Trainingsschießstände unterhält, auch in manchen Kinos, wo man vor Beginn des Films schnell noch einmal seine Treffsicherheit überprüfen kann.

Da Sie bereits wissen, daß die Sowjetunion nicht identisch ist mit Rußland, werden Ihnen die daraus resultierenden vielen politisch-geographischen Abkürzungen kaum große Schwierigkeiten bereiten. Das alte Rußland heißt heute RSFSR, Russische Sowjetische

Föderative Sozialistische Republik. Das ist gleichzeitig die größte der 15 Sowjetrepubliken, neben denen es noch autonome Republiken wie die AbchASSR, die Abchasische Autonome Sowjetische Sozialistische Republik, autonome Gebiete wie das Gorno-Badachschanische Autonome Gebiet und nationale Kreise wie der Nationale Kreis der Ust-Ordynskaer Burjaten gibt.

Eine wahrscheinlich vertraute Abkürzung braucht man nicht groß zu erläutern. Tass, im kyrillischen Schriftbild übrigens TACC, ist als Nachrichtenagentur auch bei uns bekannt. Hinter dem Signet verbergen sich die Worte Telegrafnoe Agenstwo Sowjetskogo Sojusa, zu deutsch Telegraphenagentur der Sowjetunion. Eine wichtige und oft zitierte Abkürzung bezeichnet ebenfalls Ihnen Bekanntes, aber Sie werden sicher nicht erraten, was mit SSCHA gemeint ist. So, wie wir von den USA sprechen, kürzt die russische Sprache die wörtliche Übersetzung der Vereinigten Staaten von Amerika ab (*Sojedinjonnye Sch*taty *A*meriki). Auch der weltbekannte amerikanische Geheimdienst CIA ist für Sie im Russischen nicht wiederzuerkennen. Dort heißt er entsprechend seiner Übersetzung *Z*entralnoe *R*aswedywatelnoe *U*prawljenie, kurz ZRU. Dieses Kürzel ist tatsächlich schon von einem sowjetischen Nachrichtensprecher mit ZSU verwechselt worden, dem Signet für das Zentrale Statistische Amt der Sowjetunion. Die Nähe dieser beiden Abkürzungen gibt natürlich auch Anlaß für mancherlei Witze.

Doch genug mit diesem Verwirrspiel. Sie werden sowieso Ihren Augen nicht trauen. Erst bekommen Sie umständliche Erklärungen, wie Sie einige kyrillische Buchstaben zu verstehen haben, dann folgen all die Abkürzungen, die Sie problemlos lesen können. Die Erklärung ist einfach, aber vielleicht auch enttäuschend:

Alle Kürzel und Stümmelwörter sind hier in lateinische, Ihnen also vertraute Buchstaben übertragen. Abschließend sei Ihnen nur noch ins Gedächtnis gerufen, was Sie ohnehin schon jedem anderen Reiseführer entnommen haben. Moskaus berühmtestes Kaufhaus heißt GUM. Jetzt wissen Sie es genau, auch ein Kürzel, das für *G*ossudarstwennyj *U*niversalnyj *M*agasin steht und nichts anderes als Staatliches Universalkaufhaus bedeutet.

Haben Sie noch Lust, weiterzumachen? Zugegeben, die russische Sprache hält einige Tücken für Neulinge bereit. Aber auch das gehört zum Reiz der Reise.

Also Mut. Da wäre noch die Tatsache, daß uns vertraute Elemente der Grammatik im Russischen schlichtweg fehlen. Die für uns selbstverständlichen Artikel »der«, »die«, »das« existieren nicht, auch kein pauschales Ersatzelement wie das englische *the*. Was bei uns durch diese kleinen Wörtchen ausgedrückt wird, müssen Sie an der Endung russischer Hauptwörter erkennen. Auch die beiden für uns lebenswichtigen Hilfsverben »sein« und »haben« kommen im Russischen häufig nicht vor. Sie wollen sich wahrscheinlich vorstellen, sagen »ich bin Schweizer« oder »ich bin Deutscher«. Die Sprache Ihres Gastlandes verkürzt solches zur simplen Aussage »ich Schweizer« (*ja schwejzarez*), »ich Deutscher« (*ja njemjez*). Hören Sie auf der Straße dauernd Leute *ja* sagen, dann bestätigen sie nichts, sondern sie sprechen von sich selbst. Denn *ja* heißt »ich«.

Schwierig ist es für den Anfänger, wenn er im Russischen sagen will »ich habe Zeit«, was übersetzt ausgedrückt wird »bei mir ist Zeit«. Daß es noch für Substantive und dazugehörige Adjektive in der Einzahl und in der Mehrzahl jeweils sechs verschiedene Fälle gibt, die durch ihren wechselnden Formenreichtum das Ende eines Wortes dauernd anders aussehen lassen, zeigt nur, wie nützlich eine etwas langfristigere Planung beim Erlernen des Russischen ist.

Eine weitere Besonderheit müssen Sie sich zwar nicht aneignen, sie ist aber dennoch wissenswert, weil sie eine andere Denkungsart zeigt. Bei den Verben, den Tätigkeitswörtern, unterscheidet die russische Sprache, ob man etwas beginnt, um es zu vollenden, oder ob eine Handlung ohne jede Aussage über das Endergebnis beschrieben wird. Was so verwirrend klingt, ist praktisch an sich plausibel. Ein Russe kann nicht einfach sagen: »Ich schreibe einen Brief«. Er muß dabei gleichzeitig spezifizieren, ob er diesen Brief auch ganz zu Ende schreiben will oder ob er mal eben damit beginnt, ohne zu wissen, wann er mit dem Brief zu Ende sein wird. Oder: »Ich fange Fische.« Auch diese Inkonsequenz erlaubt die russische Sprache nicht. Sie fordert Genauigkeit, ob ich nur die Angel in das Wasser halte, sagen wir, aus Freude am Angelsport, oder ob ich es tatsächlich darauf anlege, einen Fisch zu ködern.

Wenn Sie ob dieser Feinheiten noch nicht zur Verzweiflung gebracht sind, dann bedenken Sie, daß man in der Vergangenheit auch die Tätigkeitswörter nach dem Geschlecht des Sprechers unterscheidet. Wenn also eine Frau sagt: »Ich habe einen Brief geschrieben«, dann klingt das anders, als wenn ein Mann genau denselben Satz sagt.

Zwingen Sie sich um Himmels willen nicht dazu, all diese sprachlichen Kuriosa zu erlernen. Die Beispiele sollen nur eines zeigen: Offizielle Gespräche, Verhandlungen, Verträge müssen die Ausdrucksfähigkeit und Unterscheidungskraft der russischen Sprache gebührend berücksichtigen. Wer aufmerksam hinhört, kann schon aus den gewählten Formen des russischsprachigen Gegenübers etwas mehr über dessen Absichten schließen, als jede Übersetzung ahnen läßt.

Umgekehrt gibt es trotz dieser Differenzierungen wieder so sinnige Wörter, die vieles unter einem Hut zusammenfassen und deren Bedeutungsbreite nicht so einfach zu erfassen ist. Wenn Sie einen Motor anlassen, die Uhr aufziehen, einen Hund anschaffen oder ein Gespräch beginnen, dann können Sie all das im Russischen mit demselben Tätigkeitswort *sawesti* bewerkstelligen.

Beim Trinkgelage nach der Hochzeit wird von den Gästen immer wieder das Wörtchen *bitter* ausgerufen, eine seltsame Formulierung, dem jungen Paar Glück zu wünschen. Natürlich verbindet sich damit gleichzeitig die Aufforderung, die Gläser zu leeren.

Besonders reichhaltig in seiner Verwendung ist das Tätigkeitswort »gehen«. Wenn in der deutschen Sprache jemandem ein Kleid, ein Hut oder ein Schal steht, dann »geht« im Russischen die gleiche Sache. Auch das neue Make-up »geht« einem. Zur Winterszeit etwa fällt der Schnee nicht vom Himmel, sondern er »geht«. Entsprechend sagt man, der Regen »geht«. Die übliche Frage: »Was geht im Theater, was geht im Kino heute abend?« ersetzt das im Deutschen auch nicht gerade überzeugendere »laufen«.

Sollte Ihnen jemand während der Reise durch die Sowjetunion auf russisch bescheinigen, Sie seien ein »leichter Mensch«, dann brausen Sie bitte nicht auf wegen einer mißverstandenen Bedeutung. Ihr Gesprächspartner wollte Sie weiß Gott nicht als leichtfertig bezeichnen. Auch das Körpergewicht ist nicht angesprochen. Sie dürfen sich ob des Kompliments sogar geschmeichelt fühlen, denn Ihr Gegenüber wollte Ihnen nur bestätigen, daß Sie ein besonders »umgänglicher Mensch« sind.

Dagegen ist die Behauptung, jemand habe eine »lange Zunge«, nicht ganz so positiv. Natürlich werden damit keine anatomischen Feinheiten beschrieben, die unangenehm auffallen. Dieser Ausdruck bezeichnet einen Menschen, der den Russen »zuviel redet«.

Die Bezeichnung, jemand halte seine »Nase nach dem Wind«, zeugt nicht von dessen Interesse an der Wetterlage. Es handelt sich um einen »bewegungsfreudigen Anpasser«, der in der deutschen Lexik sein Mäntelchen nach dem Wind hängt.

Die sympathischste Art, Arbeitsplätze zu vermitteln, scheint auf den ersten Blick eine russische Formulierung zu sein, die man an vielen Werkstoren, Geschäftstüren oder Häuserwänden finden kann: »Wir laden zur Arbeit ein.« Dann folgt eine Aufzählung freier Stellen, die es in der Sowjetunion reichlich gibt. Wenn man bedenkt, daß Sowjetbürger mit derselben Aufforderung zum Militärdienst oder zu einem Termin auf der Polizeistation vorgeladen werden, verliert das Verb etwas von seinem sympathischen Beigeschmack.

Gemeinsam ist dem Russischen und dem Deutschen die Vorstellung »Zeit ist Geld«. Auch das Sprichwort »Geld macht nicht glücklich« ist im Russischen verbreitet. Wenn jedoch in der deutschen Sprache viele Köche den Brei verderben, dann klingt die russische Parallele etwas drastischer. Dort heißt es: »Bei sieben Kindermädchen verliert das Kind ein Auge.« Die generelle Erkenntnis, Übung mache den Meister, wird durch eine früher wohl regional bedingte Wendung ersetzt und heißt auf russisch: »Ohne Lehre ist nicht einmal ein Bastschuh zu flechten.« Wer bei uns vom Regen in die Traufe kommt, gerät auf russisch »aus dem Feuer in die Flammen«. Alter schützt vor Torheit nicht, sagt man bei uns, während im Russischen geargwöhnt wird: »Graue

Haare im Bart, stößt der Teufel in die Rippen.« Offensichtlich schlugen im alten Rußland nur die bejahrten Männer über die Stränge, denn Frauen sind bei dieser Redewendung von der Alterstorheit ausgenommen.

Zu guter Letzt sollen Sie noch etwas Praktisches von den Anstrengungen dieses Kapitels profitieren. Nachfolgend lernen Sie eine Handvoll wichtiger russischer Wörter, mit denen Sie selbst schwierigste Situationen in Ihrem Gastland bravourös meistern können. Sie kennen wahrscheinlich aus Filmen oder Büchern die beiden Wörter *da* und *njet*, »ja« und »nein«. Erst die Zusammenfügung beider zu *danjet* weist Sie als richtigen Kenner der sprachlichen Materie aus. Natürlich steht dieses Wort, das auf den ersten Blick der menschlichen und grammatischen Logik gleichermaßen zu widersprechen scheint, in keinem Wörterbuch. Denn in diesem Fall gelten die beiden Buchstaben *da* als Verstärkungspartikel. Doch *danjet* gehört zu den frequentiertesten Ausdrücken der Umgangssprache. Die Bedeutungspalette reicht von dem Vorwurf »Wo denken Sie hin« bis zur vehementen Verneinung »überhaupt nicht«.

Das zweite Wörtchen mit einem fast grenzenlosen Einsatzspektrum gilt schon als regelrechtes Signet für das Gastland Sowjetunion: *nitschewo*. Schließen Sie aus den nachstehenden Fragen am besten selbst, in welcher Funktion Sie diesen Ausdruck anwenden können: Wie geht es? – *Nitschewo*. Was machen die Kinder? – *Nitschewo*. Wie steht's mit der Arbeit? – *Nitschewo*. War das Theaterstück interessant? – *Nitschewo*. War diese Lernübung für Sie zu schwer? – *Nitschewo*.

Dann käme als letztes ein Ausdruck der Unbeirrbarkeit, der für beide Gesprächspartner als Mittel informationsloser Vertröstung dient: *minutotschku*, »ein Minütchen«.

Sie rufen die Telefonvermittlung an: *minutotschku* – und die freundliche Damenstimme verschwindet schon einmal auf Nimmerwiederhören. Sie warten im Kaufhaus am Tresen: *minutotschku*, Sie werden gleich bedient, falls sich nicht jemand anders mit Ellbogenstärke vordrängelt. Sie fragen nach der Abfahrt des Autobusses, der mit laufendem Motor seine Passagiere in der Hoffnung eines baldigen Startes wiegt: *minutotschku* meint der Chauffeur. Sie trommeln an der Rezeption Ihres Hotels, wollen bezahlen oder den Paß abholen. Die zuständigen Leute schwatzen hinter der Glasscheibe, telefonieren lachend oder kokettierend mit einem Freund, oder sie starren ganz einfach Löcher in die Luft. Sie werden ungeduldig. Aber nicht doch, *minutotschku*.

Wie lange dieses Minütchen nun wirklich dauert, hängt von der jeweiligen Situation ab. Doch darauf kommt es gar nicht an. Wichtiger ist vielmehr die Psychologie dieses Ausdrucks. Mit der Antwort *minutotschku* gibt jemand zu erkennen, Ihr Anliegen ist in sicheren Händen. Man kümmert sich darum. Man wird sich Ihrer annehmen. Haben Sie Geduld. Verzweifeln Sie nicht. Verbreiten Sie um Himmels willen keine Aufregung. Sie sind nicht vergessen.

Auf welch amüsante Weise man allerdings dieses *minutotschku* mißverstehen kann, wenn man den Ausdruck wörtlich nimmt, charakterisieren die Russen mit einer Anekdote, in der ein nichtrussischer Sowjetbürger die Hauptrolle spielt. Dieser Mensch, der also Russisch nur als Fremdsprache gelernt hat, besucht seine Hauptstadt Moskau, Tausende von Kilometern entfernt von seiner eisigen und verschneiten Heimat. Erstaunt über all die eindrucksvollen Errungenschaften, die er in Moskau zu Gesicht bekommen hat, will er nun nach

Hause zurückfliegen. Er ruft bei Aeroflot, der sowjetischen Fluggesellschaft, an und fragt, wie lange das Flugzeug braucht, um ihn aus der Hauptstadt des Sozialismus bis in seine entlegene Heimat an der Grenze des Sowjetreiches zu bringen. Von der streßgeplagten Telefonistin bekommt er nur ein flüchtiges *minutotschku* zu hören. Er sagt ergriffen »danke« und legt den Hörer wieder auf.

Die Schrecken des Verkehrs

Ob hinter dem Steuer oder als Fußgänger – Sie werden sich als Ausländer zunächst im sowjetischen Straßenverkehr bedroht fühlen. Natürlich gelten im Land die gleichen standardisierten Verkehrsregeln wie im übrigen Europa. Die Straßenschilder, Halteverbote, Stoppzeichen und Geschwindigkeitsbegrenzungen (im Ort 60 km/h, auf der Landstraße 90 km/h) sind ohne weiteres zu verstehen. Dennoch besteht begründeter Anlaß zur Sorge, wenn schon die landesweite Motorzeitschrift *Sa ruljom* (Hinter dem Lenkrad) ihre Leser warnt: »Autofahren soll Spaß machen, aber nicht eine Frage des Überlebens sein.« Dieser drastische Hinweis auf die wilden Sitten im Straßenverkehr bedarf noch einer Ergänzung, um den Besucher gänzlich zu verunsichern. Es gibt in der Sowjetunion keine Versicherungspflicht für Autos. Was das für uns sicherheitsfanatische Mitteleuropäer bedeutet, braucht man nicht auszumalen. Sollten Sie sich und Ihr Fahrzeug nicht mit einschlägigen Policen abgesichert haben, dann droht Ihnen bei einem schuldlosen Unfall zum Schaden auch noch der Spott der Besserwisser. Aber alle notwendige Vorsorge hat sicher Ihr Reisebüro für Sie getroffen, bevor Sie mit dem eigenen Wagen losfuhren. Überdies können Sie sich im Land selbst bei dem alles umfassenden Intourist-Unternehmen Autos mit oder ohne Chauffeur mieten. Sie wissen auch, daß Sie eine vorgeschriebene Route

einhalten und sich regelmäßig am Zielort an- und ab-
melden müssen. Zur Verfügung stehen Ihnen Hotels
oder Campingplätze. Die Versorgung mit Benzin ist ge-
sichert. Gleichzeitig dient der regelmäßige Besuch von
Tankstellen als bester Anschauungsunterricht für das
alltägliche Umweltverständnis vieler Sowjetbürger.
Was nicht mehr in den Tank paßt, läuft eben auf die
Straße. Da Touristen mit Gutscheinen immer nur runde
Litermengen tanken, sollten Sie stets einen Reserveka-
nister bei sich haben, in dem Sie eventuelles Restbenzin
aus der Zapfsäule auffangen können. Den fälligen Öl-
wechsel werden Sie selbstverständlich nicht am Stra-
ßenrand selbst erledigen. Sonst würden Sie in die Klagen sowjetischer Zeitungen mit einbezogen, die in
jedem Frühjahr die Unsitte derer anprangern, die Altöl
in die Erde einsickern lassen.

Das Frühjahr ist die Auftaktsaison für die meisten
Autos und ihre Fahrer. Denn während der kalten Jahreszeit bei Schnee und Frost bleiben viele der kostbaren
Gefährte aufgebockt, Reifen, Seitenspiegel, Radkap-
pen und Scheibenwischer werden abmontiert. Das
Ganze wird liebevoll in große Tücher eingehüllt und
dem Winterschlaf überantwortet. Werterhaltung nennt
sich solch ein Unternehmen, das man erst richtig verstehen kann, wenn man sieht, wie ganzjährig betriebene
westliche Autos schon nach zwei, drei Einsatzjahren
von den Spuren eines geplagten Oldtimers gezeichnet
sind.

Die Wartung eines Autos erfordert in der Sowjetunion besondere Aufmerksamkeit. Für einheimische
Modelle mangelt es ständig an Ersatzteilen. Ein viel be-
klagter und oft karikierter Umstand sind solche fa-
brikneuen Autos, die ohne Ersatzreifen, ohne funktio-
nierende Bremsen, ja sogar schon ohne Lenkrad ausge-

liefert wurden. Noch eher müssen sich Besitzer westlicher Autos helfen, für die natürlich kein Servicenetz der Herstellerfirmen aufgebaut werden kann. Das ist vor einer Autoreise in die Sowjetunion stets zu bedenken. Alle fein abgestimmten, elektronisch gesteuerten Einspritzmotoren oder Bordcomputer taugen nicht für den sowjetischen Alltag. Dennoch finden Automechaniker immer wieder einfallsreiche Varianten, um gegebenenfalls den ausländischen Wagen auch ohne TÜV-geprüfte Ersatzteile wieder auf die Räder zu helfen.

Doch Sie wollen ja nicht mit Ihrem Wagen in der Werkstatt stehen, sondern herumfahren. Also los. Achten Sie aber auf die zulässige Höchstgeschwindigkeit: 90 km/h auf der Landstraße und 60 km/h in Städten, soweit nichts anderes angegeben ist. Nun wundern Sie sich vermutlich über zweierlei: über die allerorten präsente Miliz und über die Trotzdem-Raserei der Autofahrer. Für Ausländer ein wichtiger Hinweis: Nicht nur an Ortseingängen, sondern auch auf freier Strecke befinden sich die sogenannten GAI-Stationen. Fahren Sie im Sichtbereich dieser Milizposten langsam, damit man Sie identifizieren kann. Überschnelles Durchbrausen, insbesondere mit einem ausländischen Automodell, erregt Mißtrauen und zieht unter Umständen noch eine Geldstrafe nach sich. Es können auch Motorrad- oder Autostreifen auftauchen. Ein Uniformierter tritt an das Autofenster, grüßt zackig und stellt sich vor: Lejtenant GAI – wobei Sie nun schon wissen, daß er damit nicht seinen Namen nennt, sondern nur seine Funktion. Schwierig wird es für den armen Milizionär, wenn er Ihnen in brüchiger Fremdsprache oder mit Handzeichen Ihr Vergehen erklären soll. Meist wird er es bei einer strengen Überprüfung Ihrer Dokumente belassen. Nur Ausländer, die länger im Land leben und einen sowjetischen Führerschein besitzen (was nach einer gewissen Zeit unumgänglich ist), müssen damit rechnen, daß der Milizionär ein kleines Loch in den Talon knipst. So heißt ein Beiblatt, auf dem Verkehrsübertretungen notiert werden. Innerhalb eines Jahres sollte man sich vor weiteren Verstößen gegen die Straßenverkehrsordnung hüten. Denn nach insgesamt drei Straflöchern ist das Dokument nichts mehr wert. Beim vierten Vergehen wird der Führerschein ungültig. Nach Ablauf eines Jahres darf allerdings wieder von neuem gesündigt werden.

Verstöße gegen die Straßenführung kommen aber fast automatisch vor. Als Anfänger im sowjetischen Verkehr werden Sie verbittert feststellen, daß Linksabbiegen so gut wie unmöglich ist. Statt dessen tauchen unvermittelt auf freier Strecke Schilder mit einen Halbkreis beschreibenden Pfeilen auf, die besagen, daß Sie mitten auf der Straße umkehren können, um bei nächster Gelegenheit wieder nach rechts abzubiegen – was aus der ursprünglichen Fahrtrichtung gesehen dem gewünschten Linksabbiegen entspricht.

In Moskau wurde ein ausgetüfteltes System von Brückenunterführungen, Kreuzungs- und Halbkreisführungen entwickelt, das jeden gradlinig denkenden Autofahrer zur Verzweiflung bringen kann. Allerdings haben sich die Planer ein Kartenwerk einfallen lassen, auf dem die komplizierten Fahrwege zu den wichtigsten Plätzen des Ortes aufgezeichnet sind.

Sollten Sie einen Fehler machen, dann wird die strenge Trillerpfeife der Miliz Sie zur Ordnung rufen.

Doch vielleicht lassen Sie es gar nicht darauf ankom-

Oben: Ein sowjetischer Führerschein mit beiliegendem Talon
Unten: Nicht immer lächeln die Milizstreifen so freundlich, wenn sie ein Auto stoppen.

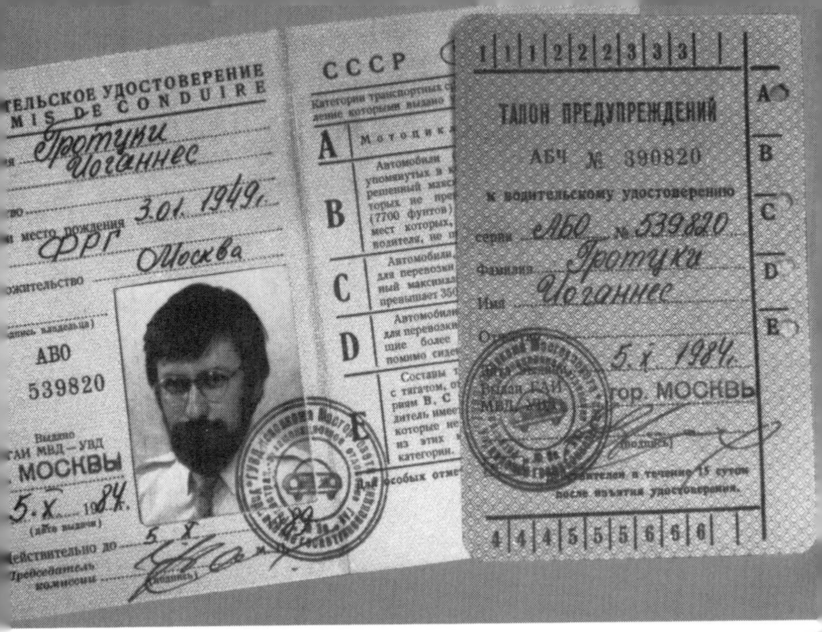
ТЕЛЬСКОЕ УДОСТОВЕРЕНИЕ
MIS DE CONDUIRE
Гротуни
Иоганнес
3.01.1949
ФРГ
Москва
АВО
539820
Выдано
ГАИ МВД—УВД
МОСКВЫ
5.X.84
Действительно до
Председатель комиссии
СССР
A
B
C
D
E
Для особых отметок
ТАЛОН ПРЕДУПРЕЖДЕНИЙ
АБЧ № 390820
к водительскому удостоверению
серии АБО № 539820
Фамилия Гротуки
Имя Иоганнес
5.X.1984
гор. МОСКВЫ
1 1 1 2 2 2 3 3 3
4 4 4 5 5 5 6 6 6

ГАИ

men und besuchen ohne Ihr Auto die Sowjetunion. Dann bleibt Ihnen auch viel mehr Zeit, sich aus sicherer Distanz ein Bild über den Verkehr zu machen. Die vielen schwarzen Autos, die Sie zahlreich in den großen Städten und vor allem in Moskau beobachten können, gehören zu 99,9 Prozent zum Staats- und Parteiapparat. Hin und wieder gibt es ein schwarzlackiertes Taxi oder auch einen Privatwagen in dieser Farbe, der aber höchstwahrscheinlich vorher auf Staatskosten gelaufen ist und erst in zweiter Hand in Privatbesitz überging. Limousinen für den Privatverkauf jedenfalls werden in allen schillernden Farben der Welt, nur nicht in Schwarz ausgeliefert.

Die meisten dunklen Staatswagen sind »Wolgas«. Danach kommen die schon beträchtlich größeren »Tschajkas«. Und in ganz wenigen Fällen – oft von Polizeiwagen oder einem halben Dutzend »Wolgas« eskortiert – sieht man Limousinen, in denen man spazierengehen kann, so groß sind sie. Diese Wagen für die Obersten der Oberen heißen SIL, sollen ganz und gar handgearbeitet sein und sind angeblich für gewöhnliche Sterbliche nicht für alles Geld der Welt zu erwerben. Die Abstufung der Autogrößen entspricht den Rängen ihrer Fahrgäste. Für diese Autos gibt es in Moskau eine eigens abgetrennte Fahrspur, die sogenannte Tschajka-Spur, für die offensichtlich keine Geschwindigkeitsbegrenzung gilt. Normale Autofahrer werden zuweilen von der Miliz mit einer energischen Handbewegung oder einem schnell gewirbelten Stock von dieser Tschajka-Spur vertrieben.

Weiteres Merkmal der Staatslimousinen sind die Au-

Ausschnitt aus einer Straßenkarte mit komplizierten Fahranleitungen für den Moskauer Verkehr

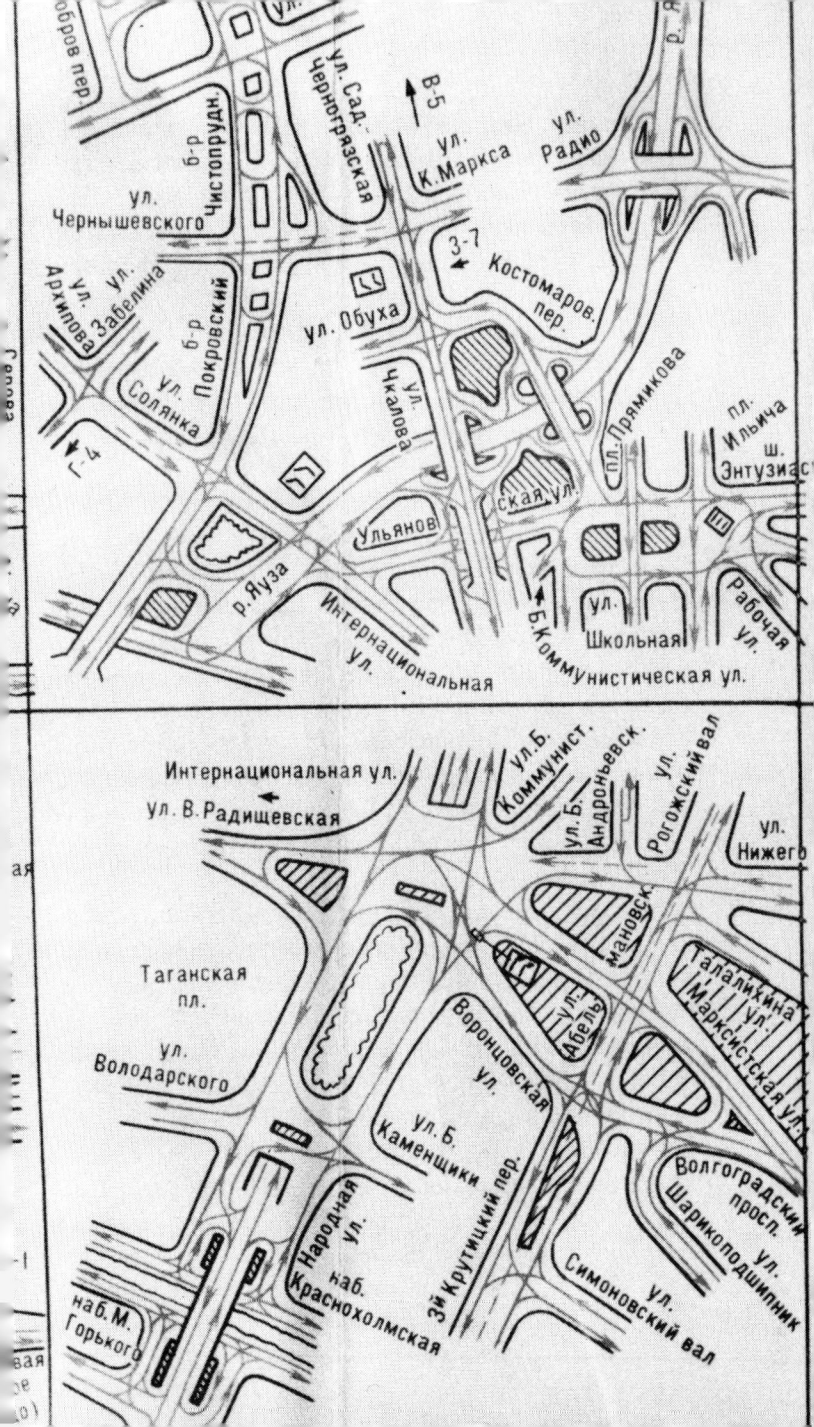

tonummern. Nach einer Faustregel haben in der Hauptstadt alle vom Staat betriebenen Wagen neben einer Zahlenreihe eine Buchstabenkombination mit drei Zeichen. Privatwagen haben dagegen nur zwei Buchstaben und in einigen Fällen noch einen dritten Kleinbuchstaben vor der Zahlenkombination. Wenn Sie nun schwarze Wagen mit den Buchstaben MOC oder MOK sehen, kann es sich nicht um unwichtige Gefährte handeln. Auch viele Nullen, die vor einer 11 stehen, verweisen auf höchste Spitzen der Regierung. In der Regel Minister.

Verblüfft werden Sie feststellen, daß nicht nur schnell dahinbrausende Limousinen, sondern auch stinkige Lastwagen mit zerbrochenen Holzaufbauten oder kleine Lieferwagen und ebenso Taxis staatliche Autonummern tragen. Das hat seine Richtigkeit. Da es keine privatwirtschaftlichen Unternehmen mit einem eigenen Fuhrpark gibt, sind all diese Wagen natürlich auf irgendeine staatliche Betriebsstelle zugelassen. Vielleicht ist dieses entfremdete Verhältnis zu den staatlichen Wagen ein Grund dafür, daß die Fahrer damit etwas unsanft verfahren, während Privatwagen liebevoll gehätschelt werden.

Nun sollen Sie sich aber doch einmal ins Auto setzen, und zwar als Fahrgast. Winken Sie ein Taxi heran, und nennen Sie Ihren Wunsch. Was? Der Fahrer hält einfach nicht, obschon sein grünes Lämpchen »frei« signalisiert? Winken Sie den nächsten Wagen heran. Sehen Sie. Schon hält der Fahrer, stößt die Tür ein Stückchen auf und fragt, wohin die Reise gehen soll. Was? Er klappt die Tür wieder zu und fährt ohne Sie weiter? Dann sind Sie eines der Opfer, die sich in Leserbriefen bitter über manche Unsitten im Taxiverkehr beschweren. Der erste Fahrer, der gar nicht erst gehalten hat, könnte auf dem Weg zur Mittagspause oder aber am Ende seiner Dienstschicht auf dem Weg zurück zum Fuhrpark gewesen sein. Nun gut. Und der nächste Fahrer? Ihm erschien Ihr Fahrziel vielleicht zu weit weg, in einem etwas entlegenen Stadtrandgebiet. Er hatte wohl Angst, daß er dort keinen Passagier für die Rückfahrt findet, und hat deshalb abgelehnt. Was er nicht darf.

Schließlich finden Sie einen bereitwilligen Chauffeur, der zwar schon einen Fahrgast im Fond sitzen hat, aber er läßt Sie zusteigen. Am Ziel zahlen beide den gleichen Taxometerpreis, und jeder legt noch ein paar Kopeken Trinkgeld drauf. Halt! Das waren schon wieder zwei Verstöße gegen die staatliche Taxiverordnung. Der Fahrpreis muß zwischen mehreren Fahrgästen stets aufgeteilt werden. Der Fahrer darf nicht doppelt kassieren. Und Trinkgeld ist auch verboten. Soweit also die Verordnung. Und die Praxis? Wenn Sie wirklich zu Ihrem auch entlegenen Ziel kommen wollen, dann zahlen Sie etwas drauf, geben ein gutes Trinkgeld und lassen obendrein einen zweiten zahlenden Gast im Wagen mitfahren. Natürlich regen sich die Zeitungen darüber auf. »Vom Trinkgeld zum Bestechungsgeld« lautete die Überschrift eines der Artikel, in denen von rüden, ja rabiaten Methoden des Taxigewerbes die Rede war. Daß solche Klagen nicht neu sind, belegt die angeblich älteste Verkehrsordnung Rußlands. Darin war auf Weisung des Polizeichefs von Petersburg im Jahre 1784 festgehalten: »Die Kutscher sollen höflich zu den Fahrgästen sein und keinesfalls ausfällig werden.« Doch was kann man machen, werden Sie achselzuckend fragen. Damit haben Sie eine der wichtigsten Gesten vieler Sowjetbürger angenommen.

Als Ausweg bieten sich Privatwagen an, die man wie ein Taxi auf der Straße stoppt. Nach einem kurzen Handel vereinbart man die Strecke, zahlt einen angemessenen Preis. Das ist zwar nicht erlaubt, wird aber häufig praktiziert. Besonders zu später Stunde, wenn der öffentliche Verkehr einschließlich Bus und Tram nur noch spärlich rollt.

In vielen Großstädten geht es allerdings schnell und billig: mit der Metro, der Untergrundbahn. Am berühmtesten ist die Moskauer Metro, deren Pomp und Reinlichkeit inzwischen andere Millionenstädte wie Leningrad, Minsk, Kiew, Charkow, Kuibyschew und Taschkent zu kopieren versuchen. Weitere U-Bahnen sollen in den schnell wachsenden Großstädten der Sowjetunion folgen. Bleiben wir am besten in Moskau, dessen Metro sich an Gigantismus kaum noch überbieten läßt. Die marmornen Untergrundbahnhöfe, insbesondere der Innenstadt, mit Mosaiken, Skulpturen und Gemälden gehören zum Programm einer guten Stadtführung. Doch bis Sie erst einmal den Untergrund erreicht haben, bringen Sie eine halbe Weltreise hinter sich. Ungeübte Metro-Besucher werden sich anfangs vor den langen und steilen Rolltreppen erschrecken, die für das Auge irgendwo im unendlich tiefen Nichts verschwinden. Insgesamt verfügt Moskau über 45 Kilometer solcher Rollungeheuer, auf denen jährlich rein zahlenmäßig die Hälfte der gesamten Erdbevölkerung in den Schlund der Moskauer Metro transportiert wird. So hoch ist umgerechnet das Verkehrsaufkommen dieser U-Bahn. Damit nimmt die Moskauer Metro den ersten Platz in der Welt ein, vor Tokio und Paris. Wenn Sie also im wahrsten Sinne des Wortes keine Berührungsängste haben und auch nicht den Einsatz von fünf Kopeken für den Eintritt scheuen, dann gönnen Sie sich einmal das Erlebnis einer sowjetischen Großstadt von unten.

Als erste Amtsperson begegnet Ihnen immer eine Diensthabende, die am Ende der Rolltreppe darauf achtet, daß es nicht zu Staus oder Rempeleien kommt. Dieser Job ohne Tageslicht und mit künstlicher Luftzufuhr gehört sicher nicht zu den begehrtesten Arbeitsplätzen. Regelmäßig werden in den Metrostationen auf kleinen Tafeln die Dienste unter der Erde für etwa 100 Rubel Monatslohn ausgelobt.

Ferner sehen Sie die Putzfrauen, die auf den Rolltreppen auf und ab fahren und dabei ihre Wischtücher auf den Mittelkonsolen langziehen. Sie putzen, ohne sich zu bewegen. Auch eine Art Automatisation. Hin und wieder taucht eine rotbemützte Gestalt auf dem Bahnsteig auf, sonst geht alles wie von selbst. Über der Tunneleinfahrt zum U-Bahn-Schacht blinken unentwegt zwei Zahlenangaben. Das eine ist die Uhrzeit, und daneben wird mit laufenden Sekunden der Zeitabstand zwischen den einzelnen Zugfolgen gestoppt. Rennen Sie keiner Metro hinterher. Auf manchen Strecken folgt bereits alle 90 Sekunden ein Zug auf den anderen.

Was Sie an Studien im Waggon betreiben, bleibt Ihnen selbst überlassen. Achten Sie zum Beispiel auf die Lesewut mancher Fahrgäste, die oft, nachdem sie einen bequemen Standplatz gefunden haben, ihr Buch aufschlagen.

Wie Sie bereits erfahren haben, geht man in der Sowjetunion mit der Unfallstatistik sehr sorgsam und zurückhaltend um. Nun ereignen sich aber auch im U-Bahn-Bereich Unfälle, die sich nicht mehr ohne weiteres verschweigen lassen. Wo Tausende von Menschen zumindest von der zeitweiligen Stillegung einer Strecke betroffen sind, wuchern schnell die Gerüchte. Deshalb kann man in den Moskauer Zeitungen bei solchen Gelegenheiten immer wieder kurze Informationen über die Unglücksursache lesen mit der Versicherung, niemand sei verletzt und der Schaden werde bald behoben sein.

Um so abenteuerlicher mutete jedoch die Reaktion des örtlichen Polizeireviers an, als eine U-Bahn-Linie wegen geplatzter Fernheizungsrohre außer Betrieb war. Der umliegende Bezirk war in weiße Dampfwolken gehüllt, ein gutes Dutzend Feuerwehrwagen versuchte, den Schaden zu bekämpfen. Auf Nachfrage eines westlichen Agenturkorrespondenten fiel dem Polizisten nichts Besseres dazu ein als die Antwort: In der U-Bahn sei alles in Ordnung. Man habe das ganze Spektakel nur wegen einiger Filmaufnahmen inszeniert.

Entweder wußte der gute Mann von nichts und wollte sich keine Blöße geben, oder er wollte gegenüber Ausländern nicht zugeben, daß ein Unglück passiert war.

Vom Taxi einmal abgesehen, sind die Fahrten mit öffentlichen Verkehrsmitteln fast geschenkt. Zwischen drei und fünf Kopeken pro Fahrt für Metro, Bus, O-Bus oder Straßenbahn, das sollte nicht zuviel sein, ist es aber einigen Leuten wohl doch. Denn allein in der sowjetischen Hauptstadt werden pro Jahr bei recht locker durchgeführten Kontrollen allein rund 1,2 Millionen (!) Schwarzfahrer erwischt. Sie heißen im Volksmund, vielleicht weil sie so schnell davonhüpfen, »Hasen«. Über diese »Hasen« wird aber nicht nur geklagt. Frevelhafterweise melden sie sich selbst zu Wort und verteidigen in den Leserbriefspalten Moskauer Gazetten ihr Tun. Da gab es einen Studenten, der auf die Kopeke genau vorrechnete, warum sich Schwarzfahren lohnt. Mit Hilfe von Wahrscheinlichkeitserhebungen wies er nach, daß sich drei Rubel Strafe im regelmäßigen Rhythmus eher rentieren als die korrekte Einzelfahrkarte. Da steht Wissenschaft gegen Moral.

Als Tourist wird Ihnen aber niemand verübeln, wenn Sie mit dem Fahrscheinverkauf nicht zurechtkommen. Das System fordert zugegebenermaßen zum Betrug heraus. Ein Automat, eher eine offene Box, mit einer endlosen Rolle Fahrscheine nimmt durch einen Schlitz Geld entgegen. Aber davon hängt die Ausgabe der Tikkets nicht ab. Bei vielen Modellen kann man einfach so lange an einem Knopf drehen, bis der Fahrschein hervorschaut. Vielleicht stochern Sie das erste Mal verlegen herum, haben kein Kleingeld zur Hand, wissen nicht, wie und was zu tun ist. Seien Sie nicht erstaunt, wenn Ihnen irgend jemand einfach einen Fahrschein in die Hand drückt, ohne dafür Geld zu nehmen. Umgekehrt kann Ihnen auch passieren, daß jemand ungefragt das Geld aus Ihrer Hand nimmt, und zwar in den Stoßzeiten, wenn Busse und Bahnen überfüllt sind. Einer üblichen Sitte zufolge reichen die Passagiere das Geld durch viele hilfreiche Hände bis zum Fahrkartenautomaten, und das Ticket wandert auf gleichem Weg zurück. Wer also sein Kleingeld bereit hat, braucht es nur in die Luft zu strecken und erhält nach einer Weile eine Karte zurück.

Für die Metro entfällt ein solches Unternehmen. Sie zahlen in allen Städten nur mit einer Fünf-Kopeken-Münze. Damit läßt sich eine Lichtschranke öffnen. Fahrscheine gibt es keine.

Nun wissen Sie schon etwas über die Flugsitten, über öffentliche Verkehrsmittel in der Stadt, über das Autofahren – bleiben also noch das Fahrrad, die Eisenbahn und das Schiff. Das Zweirad können Sie vergessen. Es fehlen nach amtlicher Schätzung derzeit zehn Millionen Räder in der Sowjetunion. Außerdem wäre das Land für eine touristische Radtour zu groß. Klagen führen auch die Radrennfahrer. Die Mechaniker ihrer Mannschaften müssen oft Rennräder von Hand zusammentüfteln, weil es auch hier an der notwendigen Produktion mangelt.

Am erbaulichsten für lange Strecken ist in der Sowjetunion die Eisenbahn. Sicher haben Sie auch schon schwärmerische Berichte über die Transsibirische Eisenbahn gelesen. Doch auch kurze Strecken lohnen sich auf dem Gleis. Am besten, Sie verbringen auch eine Nacht in den breitspurigen Waggons. Wenn Sie die beliebte Einstiegstour für Anfänger gebucht haben, einige Tage Moskau und Leningrad kombiniert, dann werden Sie mit großer Wahrscheinlichkeit dieses Vergnügen haben. Natürlich machen Sie Ihre Erfahrungen mit den sanft durchschaukelten Nächten selbst. Doch ein Tip: Schauen Sie sich den Samowar am Eingang eines Schlafwagens genauer an. Das Wasser, das die Zugbegleiterin für den abendlichen und morgendlichen Tee (das Glas für vier Kopeken) zapft, wird tatsächlich auf einem offenen Holzfeuer erhitzt. Unser Sicherheitsempfinden hätte dieser schönen Romantik bereits den Garaus gemacht.

Ganz modern geht es dagegen auf Tragflügelbooten namens »Raketa« zu. Diese fast zu einer Kapsel verschlossenen Schnellboote jagen über sehenswürdige Gewässer, um den eiligen Touristen zu Inseln und anderen Ausflugszielen zu bringen. Das einzig Gute daran ist die Tatsache, daß Sie ungeheuer viel Zeit gegenüber den traditionellen Dampfschiffen sparen.

Schließlich erfahren Sie noch aus jedem Reisepro-

spekt, daß die Sowjetunion ihre berühmten Kreuzfahrt-
schiffe nicht nur auf der Wolga und im Schwarzen Meer,
sondern auch außerhalb der Sowjetunion als preiswerte
Konkurrenz einsetzt. Wem ein abgeschiedenes Luxusleben an Bord mehr behagt als die Enge einer U-Bahn
und die sorgenvolle Betulichkeit einer Hotel-Deschur-
naja, der soll ruhig auf seinem Dampfer bleiben.

Post- und Telefongeheimnisse

Als erfahrener Tourist wollen Sie vermutlich den Lieben daheim auf einem Kartengruß mitteilen »Bin gut angekommen. Bis bald ...« Das ist ein Fehler. Jedenfalls in der Sowjetunion. Denn Sie werden vor Ihrem Kartengruß wieder zu Hause ankommen. Diese Erfahrung soll Sie jedoch nicht davor abschrecken, Dienstleistungen der sowjetischen Post in Anspruch zu nehmen. Schicken Sie lieber ein Telegramm. Sie können es in fast jedem Intourist-Hotel aufgeben. Dort sitzen auch fachkundige Kräfte, die lateinische Buchstaben lesen. Denn Ihr Telegramm schreiben Sie selbstverständlich in deutscher, englischer oder sonstiger Sprache.

Sie brauchen auch nicht auf Ihre Ansichtskarten zu verzichten. Nur werden Sie denselben Fehler begehen wie Abertausende von Touristen vor und nach Ihnen. Sie kleben auf die Karte in die rechte obere Ecke eine Briefmarke. Wahrscheinlich haben Sie gar nicht bemerkt, daß sich dort bereits ein kleiner Vordruck befindet, kaum 1,5 mal zwei Zentimeter groß, der einer Briefmarke ähnlich sieht. Dieses Bild will aber nicht vorschreiben, wohin Sie die Marke zu kleben haben. Dieses Bild *ist* die Briefmarke. Bei Postkarten und Ansichtskarten hat diese Marke einen Wert von vier Kopeken, auf Briefumschlägen fünf Kopeken. Post in das Ausland ist allerdings etwas teurer. Für die westeuropäischen Länder gilt derzeit: Karte 15 Kopeken, Brief

20 Kopeken, Luftpostkarte 35 Kopeken, Luftpostbrief 45 Kopeken. Die Differenz zu den vorgedruckten Werten müssen Sie nachkleben.

Größere Sendungen sollten Sie sich ersparen. Dafür brauchen Sie die Hilfe eines sprachkundigen Begleiters. Sie können nicht einfach ein Päckchen zum Abwiegen am Schalter übergeben und bezahlen. In der Sowjetunion geht es genauer zu. Sie geben nicht das Päckchen, sondern dessen Inhalt ab. Unklar? Also noch einmal: Sie verpacken nichts selbst. Sie reichen statt dessen am Schalter Ihre Unterhosen dem Postbeamten. Der entscheidet erst einmal, ob das Ganze überhaupt transportiert werden kann. Dann wickelt er Ihre Habe ein und schiebt Ihnen das fertige Päckchen zum Beschriften zurück. Dazu gehört auch ein Zettel, auf dem Inhalt und Wert des Päckchens angegeben sind. Was über zwanzig Rubel kostet, soll offiziell nicht mehr transportiert werden. Je geringer der Wert, desto billiger ist auch das Porto.

Schlagen Sie sich bereits vor Antritt der Reise aus dem Kopf, Sie könnten günstig gute Bücher kaufen (was an sich stimmt), die Sie dann mit der Post nach Hause schicken (was in der Praxis unmöglich ist). Auch innerhalb der Sowjetunion sollten Sie Bücher, die für Freunde bestimmt sind, lieber einem persönlichen Boten anvertrauen statt der Post. Natürlich können Sie Ihre Bücher als Päckchen aufgeben. Aber Sie machen damit vermutlich völlig fremden Menschen eine Freude, während der eigentliche Adressat mit großer Wahrscheinlichkeit leer ausgeht. Die Lesewut der Sowjetbürger scheint gerade unter Postangestellten sehr ausgeprägt zu sein.

Widmen wir uns jetzt einer sowjetischen Adresse. Aus den Vordrucken auf Briefumschlägen und Postkarten ersehen Sie, daß die Reihenfolge der Anschrift sozusagen auf den Kopf gestellt ist, jedenfalls aus unserer Perspektive. Zuoberst schreiben Sie den Ort, dann folgen mehrere Angaben, die man Schritt für Schritt erklären muß. Und ganz unten steht der Name des Adressaten. Aber der ist schon gar nicht mehr so wichtig. Wenn Sie nämlich den Namen vergessen, landet Ihr Brief dennoch im richtigen Postkasten. Wieso, das werden Sie jetzt anhand einer typischen Adresse erfahren: Moskwa, Kutusowskij Prospekt 7/5, Korpus 5, Kwartira 36, Sokolowu, Iwanu Iwanowitschu.

Orts- und Straßenname sind für Sie vermutlich leicht zu erkennen. Besonders die groß angelegten Straßen heißen oft Prospekte. Doch warum wird die Hausnummer 7/5 gespalten. Es kann sich ja schließlich nicht um sieben Fünftel handeln. Die Erklärung ist einfach. Das Haus steht an einer Straßenecke und hat zwei Nummern, damit es von jedem Straßenzug aus in die laufende Zählweise hineinpaßt. Wenn nun schon die Hausnummer doppelt ausfällt, was soll dann Korpus, werden Sie fragen. In diesem Fall bedeutet Korpus 5, daß zwar weitere Häuser die gleiche Nummer tragen, aber nicht an der Straßenfront stehen, sondern auf dem dahinterliegenden Grundstück. Da so ein Korpus oft wiederum eine ganze Häuserzeile umfaßt, ist es keineswegs unpraktisch, die Nummer des jeweiligen Eingangs zu wissen. Am wichtigsten jedoch ist dann die Angabe der Wohnung, auf russisch Kwartira. In einem Hausflur sind Sie ohne Wohnungsnummer total aufgeschmissen. Denn an den Briefkästen gibt es keine Namensschilder, sondern nur Wohnungsnummern. Wie Sie sehen, kann man auf dem Brief den Namen des Adressaten durchaus unterschlagen, weil der Postbote nur nach der Wohnungsnummer geht. Das *u* am Ende des Namens zeigt mit grammatischer Genauigkeit, wem der Brief zugedacht ist. Unter dieser Briefanschrift folgt noch die Adresse des Absenders. Links davon steht in eigens abgezirkelten Kästchen die Postleitzahl. Auf der Rückseite von jedem sowjetischen Briefumschlag ist das System aufgedruckt, nach dem die Postleitzahl geschrieben werden muß, damit Lese- und Sortiermaschinen die Angaben entziffern können. Zur Erinnerung sei noch einmal wiederholt: Stadtpost in Moskau gehört in die roten Briefkästen, übrige Post – auch Ihre Ansichtskarten für die Lieben daheim – gehört in die blauen Briefkästen.

Was Sie für die Anschrift auf einem sowjetischen Brief beachten müssen, gilt natürlich auch, wenn Sie sich mit jemandem bei ihm zu Hause verabreden: Straße und Hausnummer allein reichen nicht aus. Fragen Sie zur Vorsicht noch, ob die Haustür mit einem elektrischen Kode verschlossen ist. Und lassen Sie sich die Kodenummer sagen. Denn an manchen Wohnblocks können Sie die Tür nur öffnen, wenn Sie eine bestimmte Zahl in eine Tastatur eingetippt haben. Der Mechanismus ist zwar oft kaputt, aber vielleicht stehen Sie wirklich irgendwann vor einer so verschlossenen Tür. Zudem gibt es keine Klingel, mit der Sie sich bemerkbar machen könnten.

Nun zu einer anderen Unerfreulichkeit, mit der Sie sich aber wohl kaum herumquälen werden. Gemeint ist das Telefon. Nach vielen Attacken falsch verbundener Anrufer liegt der verzweifelte Schluß nahe, daß in kaum einem Land der Welt so unhöflich telefoniert wird wie in der Sowjetunion. Eine alltägliche Szene: Es klingelt. Sie heben den Hörer ab und sagen »Hallo«. Den Namen zu nennen werden Sie sich schnell abgewöhnen. Am anderen Ende ertönt je nach Charakter eine dumpfe, dröhnende, fordernde, höchst selten jedoch fragende Stimme, die nur ein Wort hervorstößt: Igor. Oder auch: Natascha. Mehr nicht. Nun glauben Sie bloß nicht, der Anrufer will sich mit dieser Namensnennung vorstellen. Das hat offensichtlich niemand nötig. Nein, der Anrufer will jemanden sprechen, der Igor oder Natascha heißt. Diese unerfreuliche Kommunikation kann nun in zwei Varianten fortgesetzt werden. Entweder bemerkt der Anrufer Ihr Zögern, weil Sie niemanden mit Namen Igor oder Natascha greifbar haben, und er hängt wortlos ein. Oder aber Sie besinnen sich und fragen: »Wer spricht dort?«, was nicht selten mit der etwas dreisten Gegenfrage des Anrufers beantwortet wird: »Und wer spricht *dort*?« Spätestens in diesem Moment wird Ihnen das Müßige des ganzen Unternehmens klar, und Sie legen von selbst den Hörer wieder auf. Das Dumme an der Sache ist nur, daß zumindest die Moskowiter rund um die Uhr am Telefon zu hängen scheinen. Die Leitungen sind oft überlastet, und trotz genauen Wählens landen viele Irrläufer an Apparaten, die nicht gemeint waren. Höfliche Fragen oder gar eine Entschuldigung scheinen aber den wenigsten über die Lippen zu kommen. Wie man schließlich damit fertig wird, ist eine Frage der inneren Ruhe und der guten Nerven.

Als Tourist sind Sie von solchen Anrufen kaum betroffen, Sie müssen jedoch gelegentlich damit rechnen. Denn in den meisten Hotelzimmern stehen Telefone mit einer eigenen Amtsleitung. Der Vorteil ist, daß Sie problemlos in der Stadt herumtelefonieren können, ohne eine Zentrale zu bemühen. Und das sogar kostenlos. Bei der Endabrechnung für das Zimmer fehlen die uns gewohnten kleinen Zusatzausdrucke mit phantasievoll hohen Gebühren für eine Telefoneinheit. Der Nachteil der direkten Amtsleitung ist, daß man Sie nicht unter einer zentralen Hotelnummer erreichen kann. Erst in jüngster Zeit werden solche Telefonzentralen eingerichtet, von denen man weiterverbunden werden kann. Wenn Sie also mit einer Gruppe unterwegs sind und Sie wollen sich telefonisch untereinander im Hotel verabreden, dann tauschen Sie am besten zuvor Ihre Telefonnummern aus. Da nun auch Behörden, Ministerien, Verwaltungen, Theater und Museen – kurz, die meisten öffentlichen Einrichtungen – in fast jedem Büro mit Amtsleitungen ausgestattet sind und ihnen ebenfalls die Telefonzentrale fehlt, können Sie sich vorstellen, daß man sich zuweilen die Finger wund wählt, während wir gewohnt sind, über die Strippe der Zentrale bequem weiterverbunden zu werden.

Ein Schock werden für Sie noch die Telefonzellen auf der Straße sein. Die meist offenen Gesprächskabinen sind mit stahlgrauen Telefonkästen ausgestattet, an denen bisweilen der Hörer leblos herunterbaumelt. Kein Piepton, keine Reaktion auf die Wählscheibe. Viele Geräte sind defekt. Nach einigem Suchen werden Sie aber Glück haben. Ein Apparat funktioniert. Sie werfen Ihr Geld ein (zwei Kopeken oder ein Zwei-Kopeken-Stück oder im Notfall ein gleich großes Zehn-Kopeken-Stück). Wenn Ihr Gesprächspartner sich meldet, rutscht das Geld in den Apparat, und erst dann kann er Sie verstehen.

Was Sie nicht in der Telefonzelle finden, ist ein Telefonbuch. Es gibt in der Sowjetunion keine aktuellen Telefonbücher mit Privatnummern. Halten Sie deshalb immer Zettel und Stift bereit, um gegebenenfalls alles Notwendige selbst zu notieren. Außerdem rufen Sie am besten unter 09 die Auskunft an. Man wird Ihnen nach Möglichkeit helfen. Über Ausnahmen hat Sie ja bereits ein früheres Kapitel informiert. Vielleicht liegt etwas

Dringendes vor, und Sie müssen zu Hause anrufen. Bewahren Sie Geduld. Sie werden nicht sofort verbunden. Die Wartezeit beträgt oft mehrere Stunden. In der Praxis hat sich sogar bewährt, das Gespräch einen Tag im voraus anzumelden. Das liegt nun wirklich nicht am mangelnden Fleiß der Telefonistinnen, sondern an Lükken im Leitungsnetz. Stundenlange Wartezeiten können auch auftreten, wenn Sie beispielsweise von Riga über das Fernamt nach Moskau verbunden werden wollen. Gehen Sie dagegen in eine Sprechzelle mit einem Automaten für Ferngespräche (solche Apparate schlucken 15-Kopeken-Stücke), dann kann dieselbe Verbindung innerhalb von Sekunden zustande kommen. Die unterschiedlichen Wege der Technik sind für Laien eben unerfindlich.

So feiert man auf sowjetisch

Könnten Sie sich an den Gedanken gewöhnen, daß der 10. Februar zum Tag der Lufthansa, der Swissair oder der Austrian Airlines ernannt wird? Natürlich machten die Kalender in roter Farbe auf dieses denkwürdige Jahresereignis aufmerksam. Die Zeitungen brächten ein dreifaches Hoch auf Piloten und Stewardessen aus. Die Chefs der Fluglinien gäben Interviews in den wichtigsten Medien.

Vielleicht behagt Ihnen aber mehr der 29. Juni als Tag der Erfinder und Rationalisatoren. Ebenfalls mit roter Feiertagsfarbe im Kalender gewürdigt. Zur Auswahl seien auch der 4. August als Tag der Eisenbahner oder der 6. Oktober als Tag des Lehrers angeboten. Während Sie noch über solche Vorschläge schmunzeln, prasseln weitere Gedenktage auf Sie nieder: der Tag des Radios am 7. Mai, der Tag der Sowjetjugend am 30. Juni, der Tag des sowjetischen Kinos am 27. August, der Tag der Panzersoldaten am 8. September oder der Tag der Waldarbeiter am 15. September.

Jetzt haben Sie einen immer noch unvollkommenen Eindruck von Feiertagszäsuren im sowjetischen Kalenderjahr. Schauen Sie jedoch unter dem 24. Dezember oder den beiden nachfolgenden Tagen, dem 25. und 26. Dezember nach, bei uns gewöhnlich als Heiligabend, erster und zweiter Weihnachtsfeiertag ausgedruckt, dann suchen Sie vergeblich. Auch Ostern und

Pfingsten, für uns oft Anlaß für erholsame Kurzferien, fehlen im sowjetischen Kalender.

Da Kirche und Staat in der Sowjetunion streng voneinander getrennt sind (wobei der Staat sich allerdings eine kontrollierende Oberaufsicht über die Glaubensgemeinschaften zubilligt und in seinem Sinn regulierend eingreift), spielen kirchliche Feiertage keine Rolle im staatlichen Leben der Sowjetunion. Die jeweiligen christlichen, buddhistischen oder islamischen Festtage sind daher im sowjetischen Kalenderjahr nicht vermerkt, obwohl sie natürlich regional gefeiert werden. Statt dessen würdigt man Facharbeiter und Soldaten, Ärzte und Lehrer sowie Errungenschaften des Sozialismus. Zu diesen Anlässen sind die Zeitungen mit lobenden Artikeln geschmückt. Das Fernsehen verbreitet Sonderreportagen über den geehrten Berufszweig. Und bei den Feiern zu Ehren einzelner Waffengattungen läßt die sowjetische Hauptstadt an mehreren Plätzen gleichzeitig ein Feuerwerkspektakel abbrennen, das wie ein leuchtender Sternenkranz über der Silhouette von Moskau steht. Nur eines gibt es nicht – arbeitsfrei. Jedenfalls nicht für diese unzähligen Gedenktage. Denn das käme die Volkswirtschaft teuer zu stehen.

Doch sechsmal im Jahr darf richtig gefeiert werden – nicht im Betrieb, sondern zu Hause –, nämlich bei offiziellen staatlichen Feiertagen, wie dem »Neujahrsfest«. Der würdige alte Herr, der dann im roten Kittel und mit weißem Rauschebart zum Jahreswechsel die sowjetischen Kinder beschert, ist weder der Nikolaus noch der Weihnachtsmann. Er heißt Djed Moros, zu deutsch Väterchen Frost. Seine Gefährtin, ein zartes Geschöpf möglichst mit langen blonden Locken und silbrigem Gewand, ist Snjegurotschka, das Schneeflöckchen. Wer in der sowjetischen Hauptstadt seine Sprößlinge mit den leibhaftigen Jahresendfiguren beglücken möchte, kann sich Väterchen Frost und Schneeflöckchen per Taxi vor die Haustür chauffieren lassen. Telefonische Vorbestellungen nimmt ein großes Dienstleistungsunternehmen entgegen. Je näher zum eigentlichen Neujahrsfest, auch Jolka-Fest genannt, die beiden auftreten sollen, um so teurer wird das Unternehmen, bis zu umgerechnet rund 18 Mark. Mitgebrachte Geschenke müssen die Eltern natürlich extra bezahlen.

Als beliebte Postkartenmotive tauchen Väterchen Frost und sein Schneeflöckchen in den abenteuerlichsten Verbindungen auf: mit roten Sternen, dem Kosmos oder Raumschiffen. Dann wieder werden die Märchenfiguren in Kuchen- und Zuckerform gepreßt. Andere Geschäftszweige bringen die beiden als Spielpuppen auf den Markt, und für Kleinkinder verwandeln sich Djed Moros und Snjegurotschka in etwas plumpe, zylindrische Gummifiguren, die an ihrer Unterseite mit einem pfeifenden Luftloch überraschen. Populär sind die beiden Figuren erst seit der Jahrhundertwende. Kurz nach der Revolution waren sie noch als bourgeoise Erscheinungen verschrien, dann aber wieder wohlgelitten. Dabei muß man berücksichtigen, daß es im Kalender seit der Revolution einige Veränderungen gegeben hat. Die junge Sowjetmacht paßte sich dem westlichen Rhythmus an (bis dahin lag Rußland mit seiner Zählweise dreizehn Tage hinter dem übrigen Europa zurück). Die orthodoxe Kirche allerdings hat diese Reform abgelehnt. Dadurch verschwand das christliche Weihnachtsfest im Dezember und fällt seither in den Januar. Väterchen Frost erfuhr durch diese Feiertagslücke natürlich entsprechenden Auftrieb.

Vorbild für die beliebten Gestalten ist das russische Märchen. In verschiedenen Fassungen taucht die Erzählung von der bösen Stiefmutter auf, die zur kalten Jahreszeit die ungeliebte Stieftochter in den finsteren Wald schickt. Dort irrt das arme Mädchen umher, bis es von einem gütigen, alten Mann gerettet wird. Daraus entstanden Väterchen Frost und Schneeflöckchen. Doch – wie kurz erwähnt – nennt man in der Sowjetunion das Neujahr auch Jolka-Fest. Zu deutsch würde man dafür schlicht Tannenbaumfest sagen. Denn Jolka heißt Tannenbaum. Nicht nur große Plätze in den Städten, sondern auch Privatwohnungen müssen eine Jolka zum Neujahrsfest haben. Die Folge: Der Tannenbaumklau scheint von Jahr zu Jahr schlimmer zu werden. »Genossen, kauft keine Tannenbäume von Privatpersonen!« Diesen Aufruf kann man fast jeden Winter lesen. Denn Naturwilderer schwärmen mit Axt und Säge aus, um die schönsten Tannen privat zu schlagen und unter der Hand weiterzuverkaufen.

In öffentlichen Bekanntmachungen werden die Strafen für solche Vergehen regelmäßig annonciert: Neben dem fälligen Schadenersatz und einer gehörigen Geldbuße kann man wegen Tannenbaumdiebstahls ein Jahr lang ins Gefängnis oder in ein Besserungslager geschickt werden. Das klingt hart. Aber die Waldschäden durch die professionellen Schwarzhändler müssen beträchtlich sein. Dabei war dem Tannenbaum im alten Rußland eine so große Popularität gar nicht vorausgesagt. Erst durch zaristische Anordnung wurde die Jolka von Peter dem Großen als Krönung des Neujahrsfestes eingeführt. Der russische Adel, der damals, Anfang des 18. Jahrhunderts, alle westlichen Ideen auf Befehl übernehmen mußte, war nicht einhellig begeistert. Manch einer hielt die Sitte, sich freiwillig pikende Nadelzweige in den feinen Salon zu holen, schlichtweg für verrückt. Die Legende sagt, daß Peter der Große den Brauch in

Würdigung einer leidenschaftlichen Liebe zu einem deutschen Mädchen übernommen habe. Lange Zeit blieb dann die Jolka Symbol für Festivitäten der höheren Kreise. Wohl deshalb wurde der Brauch mit der Revolution wieder abgeschafft, um dann Ende der zwanziger Jahre um so heftiger neu zu erblühen. Heute läßt sich die Nachfrage nach Tannenbäumen nicht immer zufriedenstellend decken. Nach offizieller Mitteilung werden für die Hauptstadt Moskau allein 700 000 Bäume jährlich reserviert. Doch gleichzeitig propagieren die Medien den vermehrten Einsatz von Plastiktannen. Vorreiter waren hier die geschäftstüchtigen Armenier. Sie haben seit einiger Zeit ganz auf die Naturtanne verzichtet und damit ihrer Plastikbaum-Industrie zu ungeahntem Aufschwung verholfen.

Weniger traditionsreich, aber ebenfalls arbeitsfrei ist der nächste staatliche Feiertag, der »Internationale Frauentag« am 8. März. Auch zu diesem Festtag werden Postkarten verschickt. Noch wichtiger aber sind die Blumensträuße für alle Frauen im Sowjetreich. Für die Hauptstadt Moskau, wo zu Märzbeginn meist noch Winter herrscht, ist dieser Feiertag eine Herausforderung. Frische Blumen sind nicht nur teuer, sondern auch selten. Geplagte Ehemänner und verständnisvolle Gattinnen haben sich bereits darauf geeinigt, daß die Blütenpracht auch noch später überreicht werden kann.

Vor einiger Zeit bot das sowjetische Satireblatt *Krokodil* zum Internationalen Frauentag seinen Lesern eine intergalaktische Expedition an. Die Reportage führte zum Planeten des Känguruh, irgendwo im weiten Weltraum. Auf dem ganzen Planeten waren keine Männer auszumachen. Frauen schufteten am Bau, Frauen gossen Metall, Frauen chauffierten Busse und Traktoren. Doch da entdeckte der Reporter aus dem irdischen

Reich an den Frauen große Beuteltaschen wie bei einem Känguruh. Und darin hatten es sich die Männer bequem gemacht. Warm und gemütlich sei dieser Platz – so gaben sie Auskunft. Ihr Tagesablauf bestehe in Essen, Trinken, Schlafen und Fernsehen. Nur gelegentlich leerten die Frauen der Schöpfung ihre Beutel, um sie von Abfällen, leeren Flaschen und alten Zeitungen zu reinigen.

Mit einer deutlichen Parallele zur Sowjetunion zeigte *Krokodil* in satirischer Absicht, was am 8. März landesweit gefeiert wird: nämlich die emanzipierte Schufterei der sowjetischen Frauen.

Schon am Vorabend dieses Festtages treffen sich Frauenkomitees zu Sondersitzungen. Reden werden geschwungen und im Fernsehen übertragen. Solidaritätsadressen gehen in alle Welt. Und die sowjetischen Männer geloben – wieder einmal – tugendhaft, treu und hilfsbereit zu sein. Wie weit das geht, illustrierte eine Karikatur zum 8. März. Die Mutter hechtet in der Küche zwischen Herd und Kindern hin und her, während der Vater, im bequemen Sessel zurückgelehnt, flankiert von einigen Flaschen Alkohol, auf sein geliebtes Schachbrett starrt. Wie selbstverständlich ruft er seiner Gattin zu: »Und jetzt, Vera, schieb mir doch bitte den König von a7 auf b6.« Daß selbst bei gutem Willen nicht viel von den sowjetischen Männern zu erwarten ist, zeigte eine andere Karikatur zum Internationalen Frauentag. Er trägt seine Angebetete auf den Händen gegen Mitternacht nach Hause. Da schlägt die Uhr zwölf. Der 8. März ist vorbei – und unsanft läßt er sein Weib auf die harten Pflastersteine plumpsen.

Die nächsten Feiern von landesweiter Bedeutung mit zwei arbeitsfreien Tagen sind am »Tag der Arbeit«, am 1. und 2. Mai. Wer an diesen Tagen Machtdemonstrationen oder markige Reden erwartet, wird enttäuscht. Die sowjetischen Städte sind zwar in revolutionäres Rot getaucht, Plakate und Parolen zieren die Straßen: »Es lebe der Erste Mai, der Tag der internationalen Arbeitersolidarität und des Kampfes gegen den Imperialismus« oder einfach »Es lebe die Kommunistische Partei der Sowjetunion«. Doch die Paraden, die in allen größeren Städten des Landes stattfinden, wirken wie ein Umzug zum Volksfest: Fähnchen, Luftballons, die zu Hunderten in den Himmel aufsteigen, und ein unübersehbares Heer von Papierblumen. Auf Transparenten versprechen die Werktätigen, daß sie auch weiterhin Staat und Partei unterstützen. Neben der Politprominenz werden Bilder der jüngsten Helden der sozialistischen Arbeit über die Paradeplätze getragen. Das sind Arbeiter, die ihren Plan nicht nur vorbildlich übererfüllt, sondern irgendeine gigantische Produktionsleistung vollbracht haben. In Moskau steht zwar die Führungsspitze der Partei, soweit nicht durch regionalen Einsatz gefordert, auf dem Lenin-Mausoleum und winkt der Festtagsparade zu. Aber die einzigen Worte, die zu hören sind, kommen aus riesigen Lautsprechern an der Kremlmauer. Wiederum die gängigen Parolen und Musik. In einzelnen Republiken treten auch Folkloregruppen in Nationaltrachten auf. Hinterher wird getanzt, gesungen und getrunken.

In falscher Erwartung von Panzern und Raketen mahnte eine westliche Agentur zum Ersten Mai von ihrem Moskauer Korrespondenten eine detaillierte Beschreibung der gezeigten Waffengattungen an. Sie werden an einem späteren Feiertag vorgeführt. Doch dazwischen liegt erst einmal der »Tag des Sieges« am 9. Mai. Nun vermuten Sie wohl gleich einen Druckfehler, denn gemeinhin feiern die vom Zweiten Weltkrieg betroffenen Länder je nach ihrer Ausgangslage den Tag der Kapitulation, des Sieges und der Befreiung bereits am 8. Mai, nachdem einen Tag zuvor die Gesamtkapitulation der deutschen Wehrmacht in Reims/Frankreich unterzeichnet worden war. Die Sowjetunion, die am meisten unter dem Zweiten Weltkrieg gelitten hatte, verlangte jedoch eine Wiederholung des offiziellen Kapitulationsaktes. Und so mußte die Niederlage ein zweites Mal am 9. Mai um 0.16 Uhr nachts von deutschen Militärs in Gegenwart sowjetischer Generäle in Karlshorst bei Berlin unterzeichnet werden. Übrigens genau fünfzehn Minuten, nachdem die Gesamtkapitulation bereits in Kraft getreten war.

Für die Gedenkfeiern zu diesem Siegestag werden eigens Lieder komponiert, Gedichte geschrieben, Veteranentreffen organisiert, und die Massenmedien erinnern in aller nur denkbaren Form an die Schrecken des Krieges, der – wie Sie nun schon wissen – in der Sowjetunion als Großer Vaterländischer Krieg in die Geschichtsbücher eingegangen ist.

Arbeitsfrei, aber weniger aufwendig verläuft der »Tag der Verfassung«. Früher gedachte man einer älteren Verfassung im Dezember. Dann verabschiedete am 7. Oktober 1977 der Oberste Sowjet, das Parlament, eine Neufassung. Und seither ist auch der Verfassungstag auf den 7. Oktober verschoben. Etliche Parolen zieren wieder das Straßenbild. Rote Plakate verkünden die allseitige Unterstützung der Verfassung durch das Volk. Allerdings ist dieser Gedenktag nicht besonders fest im Feiertagsempfinden der Sowjetmenschen verankert, vielleicht weil der historisch natürliche Anlaß für diesen Tag fehlt und er gewissermaßen beliebig neu festgesetzt werden kann.

Das ist ganz anders mit dem »Tag der Oktoberrevolu-

tion«, für den es gleich zwei freie Tage gibt, am 7. und
8. November. Das Datum stiftet auf den ersten Blick
Verwirrung: Die Oktoberrevolution wird im November
gefeiert. Im Zusammenhang mit Neujahr, Weihnachten
und Väterchen Frost haben Sie aber schon erfahren,
daß im revolutionären Rußland eine Kalenderreform
stattfand.

Für Interessierte sei vermerkt, daß man bis zur Revolution den Julianischen Kalender verwendete. Dieser
Kalender, der übrigens nach Julius Caesar benannt
wurde, zeichnete sich durch eine Ungenauigkeit aus. Er
war schlichtweg um 0,0078 Tage pro Jahr zu lang. Über
die Jahrhunderte summierte sich das natürlich, so daß
die Oktoberrevolution am 25. und 26. Oktober des Julianischen Kalenders gegenüber dem westlichen, Gre-
gorianischen Kalender um fast zwei Wochen zurücklag.
Nach der Anpassung an den korrekteren Kalender
wurde zwar die Bezeichnung für den revolutionären
Oktober beibehalten, doch die denkwürdigen Tage fallen nun auf den 7. und 8. November. Für alle, die sich
von Moskau als der Hauptstadt der Sowjetunion beein-
drucken lassen, sei noch festgehalten, daß damals Petersburg, dann umbenannt in Petrograd, das heutige
Leningrad, die Hauptstadt Rußlands war. Folglich fand
dort die berühmte Oktoberrevolution statt und nicht
etwa in Moskau.

Allerdings wird heute auf dem Roten Platz in Moskau
alljährlich die traditionelle Militärparade zur Oktoberrevolution abgehalten. Da finden Fachleute nun ihre
Raketen, Panzer und Geländewagen. Vornweg brausen
zwei flotte Cabrios mit dem Verteidigungsminister und
dem Generalstabschef zu den aufmarschierten Trup-
pengattungen, um den Tagesgruß entgegenzunehmen.
Dann folgt eine meist markige Ansprache des Verteidi-

gungsministers, der für das kommende Jahr alle notwendigen Anstrengungen und Unterstützungen verspricht, damit die Sicherheit der Sowjetunion gewährleistet bleibt. Und endlich beginnt das ohrenbetäubende Spektakel von ratternden, stinkenden und polternden Militärfahrzeugen, die vorbei an der Partei- und Soldatenprominenz über den Platz jagen.

Ausgerechnet wegen der staatlichen Feiertage kann der nachfolgende Sonntag zu einem Arbeitstag erklärt werden. Die Überlegung ist einfach und volkswirtschaftlich bedingt. Wenn schon am Freitag von Staats wegen die Geschäfte ruhen, dann hätte man insgesamt drei Tage Produktionsausfall. Am Tag der Arbeit und am Tag der Oktoberrevolution kann sich wegen zwei arbeitsfreier Tage der Produktionsausfall in ungünstiger Konstellation sogar auf vier Tage erstrecken. Das soll nicht sein. Allerdings durften bislang solche Arbeitssonntage als zusätzliche Freizeit an den Urlaub angehängt werden.

Weil es sich während dieser Feiertage vielleicht am besten ergibt, könnten Sie von sowjetischen Freunden nach Hause eingeladen werden. Und jetzt legen Sie mal all Ihre gesellschaftliche Etikette, Ihre Ängste um korrektes Benehmen und Ihre Sorge um fremde Sitten ab. So engstirnig und kniggeorientiert wie in Mitteleuropa geht es in der Sowjetunion nicht zu. Glauben Sie vor allen Dingen nicht, Sie müßten – ähnlich dem Vorbild sozialistischer Parteiführer bei deren Treffen auf dem Flughafen – in eine stürmische Küsserei verfallen. Mit dezenter Zurückhaltung sollten Sie diese Geste genauso sparsam einsetzen wie zu Hause. Keiner erwartet von Ihnen Schlips und steifen Kragen, weder zu Hause noch

Uniformen gehören bei wichtigen Anlässen immer dazu.

beim Theaterbesuch. Normal gekleidet kann man praktisch die meisten Begegnungen überstehen.

Bei einem Hausbesuch können Sie besonders den Frauen eine große Freude bereiten, wenn Sie ein paar Blumen auftreiben. Das ist nicht immer leicht und wird daher besonders hoch geschätzt; vor allem im Winter, wenn Sie in Moskau beispielsweise für drei Rosen die Kleinigkeit von umgerechnet 35 bis 40 Mark hinblättern müssen.

Ob Sie nun die Blütenpracht in Papier, in Cellophan oder ausgepackt überreichen, das spielt keine Rolle. Alle Varianten sind willkommen. Allerdings wird Ihnen eine Empfehlung vertraut klingen: Schenken Sie nur eine ungerade Anzahl Blumen. Das gilt um so mehr, als man eine gerade Zahl von Blumen zumindest in Rußland nur in Trauerfällen überreicht. Dann allerdings nichts Rotes.

Als kleines Gastgeschenk sollten Sie schon zu Hause etwas Charakteristisches, aber nichts Aufwendiges einpacken. Aus irgendeinem Grund schätzt man Kleinigkeiten, die aus dem Ausland stammen, besonders. Vielleicht haben Sie aber nichts Passendes dabei. Ach ja, und da erinnern Sie sich an das Originellste, was Besuchern allerorten immer wieder einzufallen scheint: eine Flasche Alkohol. Nun machen Sie um Himmels willen nicht den Fehler und schenken dem Hausherrn eine Flasche Wein. Dieses zarte Getränk gebührt der Hausfrau. Männer bekommen Wodka, oder wenn Sie Ihren guten Geschmack beweisen wollen, eine Flasche Konjak.

Nun erhalten Sie vielleicht eine Einladung zum Mittagessen. Stärken Sie sich jedoch zuvor mit einem kräftigen Frühstück. Denn in den meisten Fällen dürfte frühestens ab halb zwei, oft noch später, zu Tisch gebeten werden. Eine kurze telefonische Rückfrage, ob es bei dem vorgesehenen Termin bleibt, gilt inzwischen als üblich, besonders bei Abendeinladungen. Nehmen Sie vor allem abends Rücksicht auf den Familienrhythmus. Bei den meist sehr beengten Wohnverhältnissen in der Sowjetunion können sich Mutter, Kinder, Oma und Tante kaum dezent zurückziehen, während der Hausherr mit seinen Gästen noch bis weit nach Mitternacht zecht.

Von der Küche Ihres Hotels sind Sie inzwischen reichlich, aber nicht gerade sehr originell verpflegt worden. Vorspeisen, auf russisch Sakuski (Salate oder Aufschnitt), Suppe, Hauptmahlzeit (ein Stück Fleisch, Reis oder Pommes frites von der Größe halbierter Kartoffeln), anschließend Kaffee oder Tee, wahlweise Eis, Kompott oder ein Stückchen zuckrigsüßer Patisserie.

Sie wollen jedoch endlich etwas Typisches. Die Hausfrau, bei der Sie zu Gast sind, bietet Ihnen vielleicht Piroggen an. Sie wehren ab, weil Sie vermutlich dahinter einen Kuchen vermuten. Sie sind im Irrtum. Denn Piroggen werden als Pastete meist mit Kohl oder Fleisch gefüllt und sind eine herzhafte Mahlzeit. Allerdings gibt es auch die süße Variante. Im Zweifelsfall und soweit Gelegenheit orientieren Sie sich einfach am Backblech: wird die Pirogge auf einem eckigen Blech angerichtet, dann bekommen Sie eine feste Hauptmahlzeit, ist das Blech rund, dann wird die Füllung süß sein.

Sie haben sich wahrscheinlich schon in Ihrem Hotel darüber gewundert, daß Sie zu einer fetten Brühe eine Art Kuchentasche serviert bekommen. Die kleine Art der Pirogge, die Piroschki. Doch diese Teigtasche ist ebenfalls mit Fleisch oder Kohl gefüllt. Fatalerweise existiert das gleich aussehende Gebäck wieder mit süßer Füllung. Sollten Sie nicht in der Lage sein, auf russisch zu fragen, womit nun die Piroschki gefüllt sind, dann bleibt Ihnen nur noch der Test am eigenen Gaumen übrig. Auf eine ernste Probe wird der Geschmack vieler Ausländer bei einer sehr ausgefallenen Art von Piroggen gestellt. Im Wolgagebiet nämlich wird die Fischpirogge angeboten. Doch diese Spezialität ist sehr selten und dürfte dem Touristen kaum auf den Teller kommen.

Problemlos können Sie sich an die Syrniki wagen. Das sind kleine Quarkküchlein, die in der Pfanne gebacken werden. Sie sind schnell hergestellt. Denn als Grundsubstanz eignet sich hervorragend der normale Speisequark, der auch gesüßt verkauft wird. Ein 250-Gramm-Stück wird mit einem Ei, zwei bis drei Eßlöffeln Zucker und etwas Mehl vermengt, in Fett gebacken und läßt sich als Kinder- oder Zwischenmahlzeit zu jeder Tageszeit servieren.

Beliebter, aber auch aufwendiger sind die Pelmeni. Denn sie ergeben schon wieder eine richtige Mahlzeit. Pelmeni sind Teigtaschen, die in der Substanz etwa einem Nudelteig (Mehl, Eier, Wasser) entsprechen. Der Teig wird dünn ausgerollt, mit Hilfe einer Schablone werden kleine, runde Plättchen ausgeschnitten. Auf die Scheiben kommt rohes Fleisch, dann werden sie zu Taschen verschlossen. Die rezeptgetreueste Variante sieht als Füllung vor: die Hälfte Rindfleisch, ein Viertel Schweinefleisch und ein Viertel Hammelfleisch. Alles muß zuvor sorgsam und zweimal durch den Fleischwolf gedreht werden. Nach Geschmack kommen kleingehackte Zwiebeln und viel Pfeffer dazu. In heißem Wasser werden die Pelmeni gargekocht. Man kann diese Fleischtäschchen mit saurer Sahne oder mit Essig und Pfeffer servieren. Natürlich macht so eine Speise viel Arbeit. Aber in den sowjetischen Supermärkten, die zwar den Namen, aber nicht das Angebot mit solchen Geschäften teilen, die Sie unter dieser Bezeichnung erwarten, kann man bereits vorgefertigte Pelmeni kaufen.

Nun gilt für diese Teigtaschen: je kleiner, desto feiner. Und am kleinsten sollen die Pelmeni in Sibirien sein. Wenn dort jemand von sich behauptet, er habe hundert Pelmeni verspeist, dann ist er kein Angeber, sondern eben nur ein guter, und das heißt in diesem Land, ein durchschnittlicher Esser.

Vielleicht probieren Sie zum Abschluß noch die Blini. Das sind hauchdünne, kleine Pfannkuchen, die erst durch ihre Füllung zur Köstlichkeit einer Speisetafel erhoben werden. Zur Auswahl stehen nach russischem Geschmack saure Sahne, Hering, Kaviar (rot) oder Warenje (Früchte in flüssigem Gelee). Bestreichen Sie Ihre Küchlein damit (wahlweise natürlich). Und nun stehen Ausländer immer vor der Peinlichkeit: Wie krieg ich das Ding in den Mund hinein? Natürlich rutschen Ihnen die Blini von der Gabel, die Soße klekkert gar auf die Tischdecke – es sei denn, Sie lesen noch einen Satz weiter. Wenn Sie Ihre Beilage auf Ihren Blin (so heißt die Einzahl) gestrichen haben, dann formen Sie den Teig zu einem kleinen Röllchen, schneiden davon ein Stück ab und essen dies ganz zivilisiert mit Messer und Gabel.

Inzwischen ist auch das Stichwort Kaviar gefallen, auf das Sie sicher schon lange gewartet haben. Viele Besucher glauben immer noch, er sei für einen Spottpreis in jedem Geschäft zu erstehen und bilde gewissermaßen die Grundnahrung der Sowjetbürger. Das Gegenteil ist der Fall. Wird Ihnen Kaviar vorgesetzt, so sollten Sie diese Geste schätzen. Für Feinschmecker sei hier wiederholt, was Sie wahrscheinlich schon vor Reiseantritt irgendwo nachgelesen haben: Schwarzer Kaviar stammt vom Stör. Roter Kaviar, der billiger, größer und schärfer ist, stammt vom Lachs.

Zu Kaviar wird Wodka gereicht. So will es die Tradition, wenn auch dem Wodka inzwischen in sogenannten besseren Kreisen durch den Konjak eine ernsthafte Konkurrenz erwachsen ist. Es gilt als fein, Kaffee und Konjak zu servieren.

Die beste Flasche Konjak aus sowjetischer Produktion (in der Regel aus Armenien, Georgien oder Aserbeidschan) kann bis zu umgerechnet 180 Mark kosten (auch das ist kein Druckfehler!). Dann allerdings sollte es sich um ein Markenprodukt handeln und länger als zehn Jahre gelagert sein. Jüngere Produktionen werden durch Sternchen markiert. Fünf Sternchen bedeutet: vier bis fünf Jahre gelagert, 42 Prozent Alkohol. Ältere Konjaks haben Buchstabenbezeichnungen. Da Sie inzwischen etwas von den kyrillischen Schriftzeichen gelernt haben, können Sie nun von Ihrem Wissen profitieren: KB bedeutet: 6 bis 7 Jahre alt, 42 Prozent Alkohol. KBBK bedeutet: 8 bis 10 Jahre alt, 45 Prozent Alkohol. KC heißt, daß der Konjak über zehn Jahre gelagert war.

Wenn Sie als Geschenk eine Flasche Konjak mitbringen wollen, dann achten Sie auf mindestens drei Sternchen (2 bis 3 Jahre gelagert, 40 Prozent Alkohol). Diese Mittelklasse sollten Sie nicht unterschreiten. Vom jüngsten Konjak (ein Sternchen) heißt es bissig, er sei gerade noch gut für Alkoholiker.

Nun endlich zum Wodka. Je teurer, desto besser. Am besten jedoch kaufen Sie – wie schon einmal vorgewarnt in diesem Büchlein – den guten Exportwodka bei sich zu Hause im Supermarkt an der Ecke. Denn dort ist er auch am billigsten.

Ungeübte Trinker sollen angeblich gar keinen Unterschied zwischen den einzelnen Wodkasorten feststellen. Wichtiger ist für Anfänger jedoch ein Hinweis, der von höchster Stelle, nämlich aus der Staatspresse, stammt: Etwas mehr als ein Liter Wodka auf einmal getrunken kann für den menschlichen Organismus tödlich sein. Belassen Sie es also bei einem halben Liter, und begnügen Sie sich entsprechend mit einem halbtoten Zustand.

Wem es mehr um den Geschmack als um die Wirkung geht, der sollte lieber sowjetischen Wein probieren. Im Grunde sind Sie mit allen Markenweinen gut bedient. Es gibt vorzügliche Produkte aus dem Kaukasus und aus Moldawien. Mit einer Ausnahme: Greifen Sie *niemals* zu sowjetischem Portwein. Der Volksmund, der in dieser Hinsicht wohl aus Erfahrung spricht, bezeichnet den einheimischen Portwein kurzerhand als Kraska, als Farbe. Damit ist alles gesagt. Nun soll noch einer möglichen Enttäuschung vorgebeugt werden. Im Hotel wird gerne Kaffee oder Tee zur Auswahl angeboten. Um es kurz zu machen: Wählen Sie lieber den Tee.

Vor- und Nachurteile

Lieber Leser,

Sie sind nun am Ende Ihrer Reise durch dieses Büchlein angelangt. Manche Informationen waren für Sie vielleicht neu, unterhaltsam oder stimmten Sie auch nachdenklich.

Nach Ihrer ersten Fahrt in die Sowjetunion werden Sie den Eindruck gewinnen, daß dieses Land nicht auf eine einfache Formel zu bringen ist. Schwieriger wird es noch nach einer zweiten oder gar dritten Reise. Je öfter Sie in die Sowjetunion kommen, desto komplizierter wird das Bild von diesem Land und desto weniger stimmen auch die Klischees, die man mit sich herumschleppt.

Sie wurden bereits im Vorwort gewarnt. Und zum Abschluß sei noch einmal gesagt, daß sich zu fast allem, was in diesem Büchlein geschildert wurde, Gegenbeispiele finden lassen. Allerdings werden auch Sie feststellen, daß sich die Sowjetunion dem Ausländer gegenüber eher spröde gibt; das Land macht es dem Fremden nicht immer einfach, Zugang zum täglichen Leben zu gewinnen.

Dem natürlichen Bedürfnis, Fragen zu stellen, begegnen offizielle Vertreter des Landes – seien es Reiseführer oder Politiker – zuweilen sogar mit einer überraschenden Verteidigungshaltung. Interessiert es Sie als Tourist, wie hoch, wie lang und wie breit ein Baudenkmal ist, wann und für welchen Preis es errichtet wurde, dann sind die Intourist-Erklärungen meist schnell mit den richtigen Daten zur Hand. Fragen Sie aber, warum Fotografieren aus dem Flugzeug oder dem Zug verboten ist, dann ernten Sie meist ein achselzuckendes »so ist es eben«. So, wie man sich an vorgeschriebene Pläne zu halten hat (Sie erinnern sich an das Beispiel vom ersten Reisetag Moskau, zweiter Reisetag Taschkent?), so hält man sich auch an andere Verordnungen, ohne sie in Frage zu stellen. Das gilt zumindest für den Umgang mit uns Fremden. In das eigentliche Innenleben der Gesellschaft dringen Sie bei einer kurzen Touristenreise ohnehin kaum ein – und als Trost sei Ihnen mit auf den Weg gegeben, daß auch viele Ausländer, die Jahre in der Sowjetunion leben, nicht immer ein so unbefangenes und intimes Verhältnis zum Land und zu seinen Menschen aufbauen können, wie es vielleicht wünschenswert wäre.

Als Tourist sind Sie Gast. Und dem Gast soll in der Regel die Schokoladenseite des Lebens vorgeführt werden. Das erinnert in der Sowjetunion ein wenig an die Familiensitte, die Kinder vor dem Eintreffen sonntäglicher Kaffeebesucher herauszuputzen. Wer möchte schon gerne mit seinem Alltag Reklame machen, Eindruck schinden, gar seine »mißratenen Kinder« vorführen?

Bei all den politischen Gegensätzen in grundlegenden Fragen zwischen West und Ost sollte man die Psychologie der Eitelkeit nicht außer acht lassen. Das gilt im Fall der Sowjetunion um so mehr, als auch für unpolitische Beobachter und Besucher manche gravierenden Nachholbedürfnisse offenkundig sind.

Das Deutsch der sowjetischen Dolmetscher hält einen Ausdruck bereit, der für unsere Ohren ein wenig theatralisch klingt: »es gestaltet sich«. Eine Situation, ein Sachverhalt, eine Frage, alles kann sich gestalten. Wir würden statt dessen in knapper Direktheit behaupten: es ist so. Der Sachverhalt ist so und so, die Frage ist, ob ..., die Situation ist folgende ... und so weiter. Doch hinter dem »sich gestalten« steckt mehr. Ein Prozeß wird angedeutet, der Sache wird mehr Gewicht beigemessen, kurz: Ein Tatbestand wird zelebriert und nicht einfach festgestellt.

Dieses Beispiel mag für Sie nicht ganz schlüssig sein. Aber es soll damit ja auch nichts bewiesen werden, sondern es geht um ein psychologisches Moment. Es geht um den Wunsch nach Anerkennung dessen, was bislang geleistet wurde. Denn was nicht geleistet wird, kann man ohnedies täglich in den sowjetischen Blättern in höchst kritischer Würdigung nachlesen.

Natürlich hätte dieses Büchlein genausogut von all dem Negativen, teilweise sogar Bedrückenden berichten können, was sich auch in der Sowjetunion ausfindig machen läßt. Nur ist es schwer, damit richtig umzugehen. Eine Gebrauchsanweisung für die Sowjetunion wäre daraus jedenfalls nicht geworden; eher eine politische Analyse, eine Grundsatzdebatte über das Für und Wider verschiedener Systeme, eben ein Buch, das Sie zum Zweck Ihrer Reisevorbereitung wahrscheinlich gar nicht in die Hand genommen hätten. Also war der andere Weg für Sie vielleicht doch befriedigender. Oder nicht?